MIX
Papier aus verantwortungsvollen Quellen
Paper from responsible sources
FSC® C105338

Christian Dickenhorst

Gewässerschutz durch Umweltstrafrecht

Eine juristische und
naturwissenschaftliche Betrachtung

Diplomica Verlag GmbH

Dickenhorst, Christian: Gewässerschutz durch Umweltstrafrecht: Eine juristische und
naturwissenschaftliche Betrachtung, Hamburg, Diplomica Verlag GmbH 2013

Buch-ISBN: 978-3-8428-9513-3
PDF-eBook-ISBN: 978-3-8428-4513-8
Druck/Herstellung: Diplomica® Verlag GmbH, Hamburg, 2013

Bibliografische Information der Deutschen Nationalbibliothek:
Die Deutsche Nationalbibliothek verzeichnet diese Publikation in der Deutschen
Nationalbibliografie; detaillierte bibliografische Daten sind im Internet über
http://dnb.d-nb.de abrufbar.

Das Werk einschließlich aller seiner Teile ist urheberrechtlich geschützt. Jede Verwertung außerhalb der Grenzen des Urheberrechtsgesetzes ist ohne Zustimmung des Verlages unzulässig und strafbar. Dies gilt insbesondere für Vervielfältigungen, Übersetzungen, Mikroverfilmungen und die Einspeicherung und Bearbeitung in elektronischen Systemen.

Die Wiedergabe von Gebrauchsnamen, Handelsnamen, Warenbezeichnungen usw. in diesem Werk berechtigt auch ohne besondere Kennzeichnung nicht zu der Annahme, dass solche Namen im Sinne der Warenzeichen- und Markenschutz-Gesetzgebung als frei zu betrachten wären und daher von jedermann benutzt werden dürften.

Die Informationen in diesem Werk wurden mit Sorgfalt erarbeitet. Dennoch können Fehler nicht vollständig ausgeschlossen werden und die Diplomica Verlag GmbH, die Autoren oder Übersetzer übernehmen keine juristische Verantwortung oder irgendeine Haftung für evtl. verbliebene fehlerhafte Angaben und deren Folgen.

Alle Rechte vorbehalten

© Diplomica Verlag GmbH
Hermannstal 119k, 22119 Hamburg
http://www.diplomica-verlag.de, Hamburg 2013
Printed in Germany

Inhaltsverzeichnis:

Abbildungsverzeichnis ... 9
Tabellenverzeichnis ... 9
Abkürzungsverzeichnis ... 10
0 Vorwort ... 13
1 Historische Entwicklung ... 15
   1.1 Strafvorschriften gegen Umweltdelikte vor 1871 ... 15
   1.2 Stand der Wissenschaft und Einstellung zu Umweltverschmutzungen im 19. Jahrhundert ... 16
   1.3 Gewässerverschmutzung – auch ein Thema in der Literatur ... 18
   1.4 Die Entwicklung in Deutschland seit den 1970er Jahren ... 19
   1.5 Das deutsche Umweltstrafrecht im internationalen Vergleich ... 19
   1.6 Mögliche Auswirkungen durch das geplante Umweltgesetzbuch (UGB) .. 20
   1.7 Fazit ... 20
2 Allgemeine rechtliche Regelungen zum Umweltstrafrecht ... 21
   2.1 Bedeutung des Strafrechts und des Umweltstrafrechts ... 21
      2.1.1 Funktion des Strafrechts ... 21
      2.1.2 Kriminalstatistik, Vollzugsdefizit ... 23
      2.1.3 Strafrahmen der §§ 324 ff. StGB ... 26
      2.1.4 Sanktioniertes Verhalten ... 26
      2.1.5 Akzeptanz und Bedeutung des Umweltstrafrechts ... 28
      2.1.6 Restrisiko, Risikogesellschaft ... 29
   2.2 Ursprung und Entwicklung des Umweltstrafrechts im StGB ... 32
      2.2.1 Stand der Vorschriften bis 1980 ... 32
      2.2.2 Das (Erste) Gesetz zur Bekämpfung der Umweltkriminalität von 1980 ... 32
      2.2.3 Die deutsch-deutsche Wiedervereinigung 1990 ... 33
      2.2.4 Das Zweite Gesetz zur Bekämpfung der Umweltkriminalität von 1994 ... 36
      2.2.5 Weitere Änderungen nach 1994, Einführung des Art. 20a GG ... 37
   2.3 Wesentliche Inhalte der Regelungen des Umweltstrafrechts ... 38
      2.3.1 Die Strafvorschriften der §§ 324 bis 330d StGB ... 38
         2.3.1.1 § 324 StGB (Gewässerverunreinigung) ... 39
         2.3.1.2 § 324a StGB (Bodenverunreinigung) ... 39

2.3.1.3 § 325 StGB (Luftverunreinigung) 41
2.3.1.4 § 325a StGB (Verursachen von Lärm, Erschütterungen und
nicht-ionisierenden Strahlen) 42
2.3.1.5 § 326 StGB (Unerlaubter Umgang mit Abfällen) 43
2.3.1.6 § 327 StGB (Unerlaubtes Betreiben von Anlagen) 45
2.3.1.7 § 328 StGB (Unerlaubter Umgang mit radioaktiven Stoffen und
anderen gefährlichen Stoffen und Gütern) 45
2.3.1.8 § 329 StGB (Gefährdung schutzbedürftiger Gebiete) 46
2.3.1.9 § 330 StGB (Besonders schwerer Fall einer Umweltstraftat) 46
2.3.1.10 § 330a StGB (Schwere Gefährdung durch Freisetzen
von Giften) 49
2.3.1.11 § 330b StGB (Tätige Reue) 49
2.3.1.12 § 330c StGB (Einziehung) 49
2.3.1.13 § 330d StGB (Begriffsbestimmungen) 50
2.3.2 Weitere Strafvorschriften im Strafgesetzbuch 50
2.3.2.1 § 314 StGB (Gemeingefährliche Vergiftung) 50
2.3.2.2 § 318 StGB (Beschädigung wichtiger Anlagen) 51
2.3.3 Nebenstrafrecht 51
2.3.4 Ordnungswidrigkeiten 52
2.4 Einflüsse des Europäischen Rechts 52
2.5 Fazit 55

3 Besonderheiten des Umweltstrafrechts 57
3.1 Die Verwaltungsakzessorietät 57
3.1.1 Die Einheit der Rechtsordnung 59
3.1.2 Erscheinungsformen der Verwaltungsakzessorietät 60
3.1.3 Kritik an dem Modell und Bedenken 61
3.2 Die Amtsträgerhaftung 62
3.3 Kausalitäts- und Zurechnungsprobleme, Minima-Klausel und
Kumulationseffekte 64
3.3.1 Kausalität und Zurechnung 64
3.3.2 Die Minima-Klausel 66
3.3.3 Kumulationseffekte 68
3.4 Fazit 69

4 Der Schutz der Gewässer im Strafrecht 71

4.1 Aktuelle Regelungen 71

    4.1.1 Gewässerverunreinigung, § 324 StGB 71

    4.1.2 Gemeingefährliche Vergiftung, § 314 StGB 73

    4.1.3 Beschädigung wichtiger Anlagen, § 318 StGB 74

4.2 Quellen von Gewässerverunreinigungen 74

    4.2.1 Saure Niederschläge 76

    4.2.2 Landwirtschaft 77

4.3 Schädliche Wirkungen auf Gewässer 78

    4.3.1 Wirkungsweise, Persistenz 78

    4.3.2 Selbstreinigung von Gewässern 78

    4.3.3 Medikamente und Antibiotika 80

    4.3.4 Der SANDOZ-Unfall 1986 80

4.4 Tatortarbeit und Nachweisverfahren 81

    4.4.1 Tatortarbeit durch die Polizei 81

    4.4.2 Analyse der Wasserproben 83

4.5 Das Problem der Eutrophierung (praktischer Fall) 85

    4.5.1 Sachverhalt 85

    4.5.2 Erläuterungen 85

    4.5.3 Mögliche Auswirkungen auf das Gewässer 86

    4.5.4 Rechtliche Würdigung 87

        4.5.4.1 Strafbarkeit gemäß § 324 Abs.1 StGB 87

        4.5.4.2 Strafbarkeit gemäß § 326 Abs.1 Nr.4a StGB 88

        4.5.4.3 Konkurrenzen 88

        4.5.4.4 Strafmaß, Rechtsprechung 88

4.6 Bedeutung und Funktionsweise einer Kläranlage 89

    4.6.1 Strafbarkeitsrelevanz 89

    4.6.2 Funktionsweise einer Kläranlage 89

4.7 Sonderproblem: Die Feuerwehr im Löscheinsatz 91

4.8 Fazit 93

5 Zusammenfassung, Bewertung, Ausblick 95

5.1 Defizite des bestehenden Systems 95

5.2 Erhaltenswerte Regelungen 96

5.3 Optimierungsansätze 96
   5.3.1 Gesetzgebung und Gesetztesvollzug 96
      5.3.1.1 Das StGB als Ort für Umweltdelikte 97
      5.3.1.2 Neugestaltung eines Gesetzestextes für Umweltdelikte 97
      5.3.1.3 Sonstige rechtlichen Änderungen 98
      5.3.1.4 Änderungen in der Strafverfolgung und in der Rechtsprechung .. 99
   5.3.2 Sonstige Bereiche 99
   5.4 Abschlussbemerkung 100

Literatur- und Quellenverzeichnis: 103

Anhang 111
   Anhang A: Die aktuellen §§ 324-330d StGB 112
   Anhang B: Weitere aktuelle Paragrafen des StGB 125
   Anhang C: Das 16. und 18. StrÄndG 139
   Anhang D: Aktuelle Rechtsvorschriften außerhalb des StGB 143
   Anhang E: Synopse KrW-/AbfG und KrWG 164
   Anhang F: Entwurf für ein optimiertes Umweltstrafrecht (UGB-P) 165
   Anhang G: Das Gefangenendilemma (Prisoner´s Dilemma) 167

Abbildungsverzeichnis:

▶ **Abbildung 1:** Elemente einer kommunalen Kläranlage (KKA)
[Quelle: http://www.hochschule-bochum.de/uploads/pics/klaumlranlage-schema_small_01.gif (18.06.2012)]

▶ **Abbildung 2:** Modernes Verkehrsschild in Konstanz am Bodensee
[Quelle: http://img367.imageshack.us/img367/5665/dscn38317tj.jpg (18.06.2012)]

Tabellenverzeichnis:

■ **Tabelle 1:** Abgeurteilte Umweltdelikte in den Jahren 2002 bis 2010
[Quelle: DESTATIS 2012]

■ **Tabelle 2:** Verurteilte Umweltdelikte in den Jahren 2002 bis 2010
[Quelle: DESTATIS 2012]

■ **Tabelle 3:** Verhängte Strafen bei Umweltdelikten in den Jahren 2002 bis 2010
[Quelle: DESTATIS 2012]

■ **Tabelle 4:** Messergebnisse nach dem SANDOZ-Unfall 1986
[Quelle: Uhlmann/Horn 2001: 401 ff.]

Abkürzungsverzeichnis: [spezielle Zitierweise]

Abs.	Absatz
AE-StGB	Alternativentwurf zum Strafgesetzbuch
AKW	Atomkraftwerk
Art.	Artikel
AtG	Atomgesetz
BGBl.	Bundesgesetzblatt [Jahr I/II: Seite]
BGH	Bundesgerichtshof
BImSchG	Bundes-Immissionsschutzgesetz
BNatSchG	Bundesnaturschutzgesetz
BRD	Bundesrepublik Deutschland
BSB	Biochemischer Sauerstoffbedarf
BT-Drs.	Bundestagsdrucksache [Wahlperiode / Nummer: Seite]
BVerfG	Bundesverfassungsgericht
BVerfGE	Entscheidung des Bundesverfassungsgericht [Band: Seite]
ChemG	Chemikaliengesetz (Gesetz zum Schutz vor gefährlichen Stoffen)
CSB	Chemischer Sauerstoffbedarf
dB[A]	Dezibel (in der sog. A-Bewertung)
DDR	Deutsche Demokratische Republik
DDT	Dichlordiphenyltrichlorethan (= Insektizid)
EG	Europäische Gemeinschaft / Vertrag zur Gründung der Europäischen Gemeinschaft
EU	Europäische Union / Vertrag über die Europäische Union
EuGH	Gerichtshof der Europäischen Gemeinschaft
EWG	Europäische Wirtschaftsgemeinschaft
Fn.	Fußnote
GewO	Gewerbeordnung
GVG	Gerichtsverfassungsgesetz
i.S.	im Sinne
i.S.d.	im Sinne der/des
KKA	Kommunale Kläranlage
KrW-/AbfG	Kreislaufwirtschafts- und Abfallgesetz
KrWG	Kreislaufwirtschaftsgesetz
LMBG	Lebensmittel- und Bedarfsgegenständegesetz
LuftVG	Luftverkehrsgesetz

MRK	Menschenrechtskonvention
NGO	Non Governmental Organization/s (= Nichtregierungsorganisation)
NStZ	Neue Zeitschrift für Strafrecht
NVwZ	Neue Zeitschrift für Verwaltungsrecht
o.g.	oben genannt
öStGB	österreichisches Strafgesetzbuch
OWi	Ordnungswidrigkeit
OWiG	Gesetz über Ordnungswidrigkeiten
PflSchG	Pflanzenschutzgesetz (Gesetz zum Schutz der Kulturpflanzen)
pH	lat. potentia hydrogenii (= Vermögen des Wasserstoffs)
PP	Polizeipräsidium
Rdnr.	Randnummer
sog.	sogenannt
StGB	Strafgesetzbuch
StGB-DDR	Strafgesetzbuch der Deutschen Demokratischen Republik
StPO	Strafprozessordnung
StRÄndG	Strafrechtsänderungsgesetz
u.U.	unter Umständen
UGB	Umweltgesetzbuch
UKG	Umweltkriminalitätsgesetz (Gesetz zur Bekämpfung der Umweltkriminalität)
UVPG	Gesetz über die Umweltverträglichkeitsprüfung
VwGO	Verwaltungsgerichtsordnung
VwVfG	Verwaltungsverfahrensgesetz
WDR	Westdeutscher Rundfunk
WHG	Wasserhaushaltsgesetz
µm	Mikrometer (= 10^{-6} Meter)

0 Vorwort

Das vorliegende Buch befasst sich mit dem Umweltstrafrecht in Deutschland. Ein Lehrbuch zu diesem Thema vermag es aber nicht zu ersetzen. Grundkenntnisse im allgemeinen Strafrecht und ebenso im Verwaltungsrecht sind bei der Lektüre von Vorteil; dies gilt auch für das aktuellste Lehrbuch auf dem Markt von Frank SALIGER. Für Anfänger gut geeignet ist das Lehrbuch von FRANZHEIM und PFOHL, auch wenn das Werk schon über 10 Jahre alt ist. Innerhalb der Strafrechtswissenschaften bildet das Umweltstrafrecht ein relativ junges Teilgebiet. Erst 1980 – also 109 Jahre nach dem erstmaligen Inkrafttreten des Strafgesetzbuches – wurden die Umweltdelikte in das StGB aufgenommen. Anfangs noch heftig und kontrovers diskutiert führt es seit Mitte der 1980er Jahre aber eher ein Schattendasein. Zu Unrecht, wenn man bedenkt, dass es sich nicht nur um eine wichtige Thematik (Schutz der natürlichen Ressourcen) handelt, sondern auch um eine sehr anspruchsvolle Rechtsmaterie.

Die Arbeit möchte zunächst einmal darstellen, welche aktuellen Regelungen das Umweltstrafrecht in Deutschland bestimmen und wie diese Regelungen entstanden sind. Der Schutz vor Gewässerverunreinigungen soll dabei besonders im Fokus stehen. In vielen Bereichen sind Juristen auf die Erkenntnisse aus anderen Wissenschaften (wie der Medizin, der Psychologie, der Chemie, der Politikwissenschaft, der Soziologie, etc.) angewiesen; für den Bereich des Umweltstrafrechts gilt das besonders. Diese Interdisziplinarität darzustellen ist ein weiteres Anliegen dieses Buches. Schlussendlich wird es um die Beantwortung folgender Frage gehen: Ist das deutsche Umweltstrafrecht in seiner gegenwärtigen Form ein geeignetes Mittel, um die Umwelt vor Schäden zu bewahren? Und darauf aufbauend: Welche Veränderungen müssten erfolgen?

Einige Themen können hier nur angedeutet oder oberflächlich behandelt werden. Für einen Wissenschaftler ist dies zwar eher unbefriedigend; es lässt sich aber in einem solchen Rahmen auch nicht ganz vermeiden. Der geneigte Leser möge es mir nachsehen. Wo immer es möglich war, habe ich (meines Erachtens) lesenswerte Sekundärliteratur angegeben; diese sei zur Vertiefung guten Gewissens empfohlen. Der Stand von Rechtsprechung, Gesetzgebung und Literatur konnte bis Anfang Juni 2012 berücksichtigt werden. Tiefgreifende Änderungen sind in näherer Zukunft nicht zu erwarten. Die meisten der verwendeten Gesetze sind (zum Teil nur in Auszügen) als Anhänge beigefügt. Insbesondere dem juristischen Laien dürfte dies die Lektüre erleichtern. Aktuelle Gesetze finden sich auf der Internetseite des Bundesjustizministeriums unter www.gesetze-im-internet.de. Seit dem 01.06.2012 ist das Kreislaufwirtschafts-gesetz (KrWG) in Kraft; es hat das bis zum 31.05.2012 gültige Kreislauf-wirtschafts- und Abfallgesetz (KrW-/AbfG) abgelöst. Die neuen Vorschriften (KrWG) haben noch keinen Einzug in die juristische Literatur genommen; ich habe deshalb bewusst noch die alten Vorschriften (des KrW-/AbfG) im Text belassen. Eine hilfreiche Synopse findet sich in *Anhang E*.

Es ist lediglich der besseren Lesbarkeit geschuldet, dass bei Personen nur die männliche Form Verwendung findet. Die Ausführungen gelten aber für Frauen und Männer gleichermaßen, auch wenn beispielsweise die Täter von Umweltdelikten in der Praxis überwiegend Männer sind.

Viele Menschen haben – auf ganz unterschiedliche Weise – dazu beigetragen, dass dieses Werk entstehen konnte. Namentlich erwähnen möchte ich hier besonders: Georg Braun, Dr. Tobias Erb, Dr. Anke Holljesiefken, Björn Maiworm, Christoph Oberhauser, Prof. Dr. Rolf Kümmel, Melanie Scherge, Dr. Bernhard Stanger, sowie meine Frau Christine.

Wie jede Wissenschaft, so lebt auch das Umweltstrafrecht von der Diskussion. Wenn diese Arbeit eine solche Diskussion in Gang bringen könnte, so würde mich dies sehr freuen. Hinweise und Anregungen können Sie gerne an mich per e-mail schicken: dickenhorst[at]gmx.de.

Gewidmet meinen Eltern,
die mir die Möglichkeit gaben
die Natur zu erleben
und das Recht zu erforschen.

1 Historische Entwicklung

1.1 Strafvorschriften gegen Umweltdelikte vor 1871

> „Esch wird bekannt gegebe, dasch von morge früh an niemand mehr in die Bach scheisse darf, indem der löbliche Magischtrat übermorge Bier braue thut."

(nach: Schua/Schua 1981: 188)

In dem zitierten Magistratserlass, der auf den Beginn des 18. Jahrhunderts datiert wird, kommen zwei Gedanken zum Ausdruck: Verbote von umweltschädigendem Verhalten (nach unserem heutigen Rechtsverständnis handelt es sich in dem obigen Beispiel eigentlich auch nicht um ein (Straf-)Gesetz, sondern um eine Allgemeinverfügung i.S.d. § 35 Satz 2 VwVfG) hatten zumeist einen konkreten Anlass, hier nämlich das Brauen von Bier am übernächsten Tag. Das Verbot hatte zudem primär einen ästhetischen Aspekt, der ggf. neben einen gesundheitlichen Fürsorgegedanken getreten ist; der Schutz der Umwelt (des Flusses) um ihrer selbst Willen war hingegen nicht beabsichtigt. Deutlich wird auch, dass die Gesetzgebung im 18. Jahrhundert eine rein territoriale war. So findet sich beispielsweise im „Codex Juris Bavarici Criminalis von 1751" nur eine Vorschrift (Kapitel 3, § 13), die das Vergiften von Brunnen unter Strafe stellt (vgl. Buschmann 1998: 195). Auch im „Allgemeinen Landrecht für die Preußischen Staaten von 1794" (§§ 870-872) und im § 304 des „Preußischen Strafgesetzbuchs von 1851" (vgl. Buschmann 1998: 368 f. und 601) gibt es neben der strafbaren Brunnenvergiftung keine Umweltstrafvorschriften im heutigen Sinn. Der Grund für die Strafbarkeit an sich und auch für die zum Teil empfindlichen Strafandrohungen lag in der kriegsbedingten, strategischen Bedeutung von Brunnen: „Mit Rücksicht auf lang andauernde Belagerungen und wegen der Unmöglichkeit, eine Stadt ohne hinreichend Wasser überhaupt verteidigen zu können, durften Städte nie überwiegend von einer Wasserzufuhr außerhalb abhängig sein." (Heine 1989a: 113) Auch heute noch spricht man (im übertragenen Sinn) von einer „Brunnenvergiftung" als extrem sozial verwerfliche Tat. „Die emotionale Bindekraft der Metapher von der Brunnenvergiftung liegt wohl auch darin, daß Wasser Lebensmittel aller Menschen ist ohne Ansehung ihrer Schichtzugehörigkeit oder Stellung. Wer Wasser vergiftet, zielt auf die gesamte

Gesellschaft, stellt sich „außerhalb der Konvention von Mensch und Leben." Der Brunnenvergifter hat insofern die Gesamtgesellschaft zum Feind." (Kluge/ Schramm 1986: 21) Im Hinblick auf die noch zu erörternden Problematik der Verschmutzung der Bäche und Flüsse mit Unrat, ist eine Vorschrift (Art. 420) aus dem Münchener Stadtrecht aus der Zeit des 14./15. Jahrhunderts besonders interessant. Danach wurde derjenige bestraft, „... swer unflat für sein tür oder in den strazz wurffet oder schüttet, und dez nicht in den pach traet." (Braun 1990: 39, Fn. 26) Im „Strafgesetzbuch für das deutsche Reich von 1871", dem im wesentlichen unser heutiges StGB entspricht, gab es als umweltrelevante Straftatbestände weiterhin lediglich die vorsätzliche Vergiftung von Brunnen oder von Wasserbehältern (§ 324); dieser Zustand blieb sodann bis 1980 unverändert.

1.2 Stand der Wissenschaft und Einstellung zu Umweltverschmutzungen im 19. Jahrhundert

Im 19. Jahrhundert wurden die Flüsse zumeist als natürliche Abwasserkanäle betrachtet (ganz im Sinne der o.g. Münchener Stadtrechtsvorschrift); die Abschätzung von Einleitungsfolgen geschah alleinig unter dem Gesichtspunkt der Wirtschaftlichkeit (vgl. Andersen 1994: 92). Dieser Umstand wurde durch die Erfindung des Spülklosetts im Jahre 1718 (vgl. Schua/Schua 1981: 186) verstärkt. In Deutschland waren solche Wasserklosetts seit 1854 (in Hamburg) bzw. seit etwa 1860 immer stärker verbreitet; die dadurch notwendige Schwemm- bzw. Mischkanalisation führte zwar einerseits zu einer raschen Abführung von Abwässern und Exkrementen, verursachte andererseits aber auch erhebliche Flussverunreinigungen (vgl. Kloepfer 1994: 59). Generell herrschten im 19. Jahrhundert noch sehr ambivalente Vorstellungen bzgl. der Auswirkungen von Fäkalien und Unrat auf die Gewässer und für die menschliche Gesundheit. Bis zum Beginn des 19. Jahrhunderts war in Europa die sog. Miasma-Theorie weit verbreitet, welche die Übertragung von Krankheiten primär über den Luftweg erklärt (vgl. Braun 1990: 38). Andererseits prägte bereits im Jahre 1850 der Chemiker Robert Angus SMITH den Begriff des „sauren Regens" (vgl. Kluge/ Schramm 1986: 85), und im Jahre 1887 veröffentlichte der Chemiker Josef KÖNIG seine preisgekrönte Schrift mit dem Titel „Die Verunreinigung der Gewässer, deren schädliche Folgen, nebst Mitteln zur Reinigung der Schmutzwässer.". „Spätestens nach der Lektüre dieses Buches hätte den Zeitgenossen klar werden müssen, daß die Flüsse und Bäche durch die verschiedenen Industriezweige gefährdet wurden, die im Laufe der letzten achtzig Jahre entstanden waren: neben den Zucker- und den Papierfabriken vor allem die Kohlebergwerke mit den Grubenabwässern und verschiedene Chemiewerke." (Kluge/Schramm 1986: 86) Vielfach wurde zu dieser Zeit aber auch die These von einer (zumindest in diesem Ausmaß nicht zutreffenden) Selbstreinigungskraft der Gewässer vertreten; dazu wurde auch die Verdünnung der Schadstoffe gezählt (vgl. Schua/Schua 1981: 221 ff.). Diese Zeit war stark von einem Meinungsstreit zweier Hygieniker und Mediziner geprägt, nämlich zwischen Max PETTENKOFER und Robert KOCH (vgl. Kloepfer 1994: 59). PETTENKOFER vertrat dabei die sog. „Bodentheorie", nach der die Ursache von Epidemien Dünste sind, die aus dem durch Exkremente und Haushaltsabfälle verunreinigten Boden entweichen. Die „Trinkwassertheorie" von Robert KOCH erkannte hingegen das Trinkwasser als maßgeblichen Infektionsweg. Erst gegen Ende des 19. Jahrhunderts konnte sich die Theorie von Robert KOCH langsam durchsetzen (vgl. Schmidt 1986: 23). Eben zum Ende des 19. Jahrhunderts, genauer gesagt 1892, erlebte indes Hamburg eine der schlimmsten Trinkwasserepidemien überhaupt. Durch die Erkrankung mit Cholera starben über 8.600 Menschen; fast 17.000 wurden krank (vgl. Schmidt 1986: 38). Interessant – wenn auch aus heutiger Sicht schwer nachvollziehbar – ist das Konstrukt der sog. „Opferstrecken", das 1901 vom Chemiker Curt WEIGELT entwickelt wurde: danach wird das Teilstück eines Gewässers „geopfert", um den Erhalt der damit verbundenen Industrie gewährleisten zu können. WEIGELT begründet dies so: „Wo die Menge und Beschaffenheit der Abwässer bedauerlicherweise ausser Verhältnis steht zum unschädlichen Uebergange in den Vorfluter, ob seiner geringen Wasserführung; da muss im allgemeinen Interesse erwogen werden, ob die Industrie oder die Fischerei in diesem Spezialfall volkswirtschaftlich den höheren Wert hat. Es bleibt dann nichts anderes übrig als offen und ehrlich den verursachten Schaden anzuerkennen. Das betreffende Stromstück muss als *Opferstrecke* aufgefasst und freigegeben werden, um dadurch die Möglichkeit der Erhaltung der betreffenden Industrie zu gewährleisten. Im gegenteiligen Falle ist die Fabrik zu schliessen." (Andersen 1994: 94 m.w.N.) In der Rechtsprechung der damaligen Zeit (Preußisches Obertribunal, 1876) wurde bei Emissionen zudem mit der „Ortsüblichkeit" von Belastungen argumentiert: danach mussten Emissionen (z.B. Verunreinigungen der Luft) umso stärker hingenommen werden, als diese im Umfeld bereits vorhandener Emittenten geschahen. So wurde die Schadensersatzklage eines Landwirts aus dem Ruhrgebiet mit der Begründung abgewiesen, es handle sich um ein „Kokereigebiet"; seine

Obstbäume wären angesichts der schon früher vorhandenen 700 Koksöfen auch ohne die von der beklagten Kokerei neu angelegten 60 Öfen eingegangen (vgl. Hof 2001: 232). Einen anderen Ansatz hatte das Preußische Obertribunal im Jahre 1848 verfolgt: „Der Fabrikbesitzer hafte lediglich für das „Entsteigen der Dämpfe aus den Schornsteinen", dadurch geschehe jedoch erwiesenermaßen kein Schaden, sondern erst durch den „Niederschlag der Dämpfe, dessen Eintritt wiederum durch eine besondere Beschaffenheit der Luft und Witterung sowie durch die Richtung des Windes bedingt" werde. Darauf aber könne der Fabrikant keinen Einfluß nehmen, er habe den Schaden daher auch nicht absichtlich herbeigeführt." (Hof 2001: 231) Das Gericht sagt damit, dass ein Verursacher nur für die Emissionen verantwortlich ist, nicht hingegen für die Immissionen; diese seien quasi eine „Laune der Natur". Diese höchst industriefreundliche Argumentation wurde bereits vier Jahre später vom selben Gericht korrigiert (vgl. Hof 2001: 231). Obwohl es bereits seit 1876 (in Braunschweig) ein erstes Wassergesetz gab, entwickelte sich der Gewässerschutzgedanke nur sehr langsam; in Preußen wurde sogar erst 1913 das „Preußische Wassergesetz" erlassen (vgl. Feldhaus 2001: 21). Die erhebliche Verschmutzung der Ruhr im Jahre 1911 (vgl. dazu Brüggemeier/Rommelspacher 1992: 154 ff.) offenbarte zwar auf eindrucksvolle Weise einen akuten Handlungsbedarf bzgl. der Abwasserproblematik; der bald darauf beginnende Erste Weltkrieg (1914 – 1918) verhinderte aber eine weitere Entwicklung auf diesem Gebiet.

1.3 Gewässerverschmutzung – auch ein Thema in der Literatur

Im Jahre 1884 veröffentlichte Wilhelm RAABE den Roman „Pfisters Mühle". Der Autor beschreibt in diesem (von ihm selbst als „Sommerferienheft" betitelten) Werk sehr anschaulich, wie eine Rübenzuckerfabrik ihre Abwässer in den Mühlbach einleitet und dadurch den Wasserlauf verunreinigt Dies „... erfüllt die Gegend mit Gestank und bringt so Gewerbe und Menschen zu Tod. Ein Bild aus der Gründerzeit, ein Buch gegen das hemmungslose Erfolgsstreben von 1884 – und doch keineswegs ohne Aktualität." (Denkler 2009: Rückseite) Auch wenn von diesem Roman in den ersten zehn Jahren nur etwa 1.500 Stück verkauft wurden (vgl. Denkler 2009: 228), so hat RAABE doch maßgeblich dazu beigetragen, dass die industrielle Abwasserproblematik nun ernster genommen wurde. „Im übrigen hat ihm ein tatsächlicher Prozeß als Vorlage gedient, den die Müller von Bienrode und Wenden gegen die Zuckerfabrik Rautheim in den Jahren 1882 bis

1884 führten und der mit dem Sieg der Müller beim Reichsgericht in Leipzig endete." (Schua/Schua 1981: 205)

1.4 Die Entwicklung in Deutschland seit den 1970er Jahren

Ebenso wie der Erste Weltkrieg eine Weiterentwicklung des Umweltschutzes (und hier insbesondere des Gewässerschutzes) verhinderte, geschah das Gleiche auch in den Jahren 1939 bis 1945 durch den Zweiten Weltkrieg. In der Folgezeit (bis in die 1960er Jahre) stand in Deutschland der Wiederaufbau der Wirtschaft und der Infrastruktur im Vordergrund. Anfang 1973 wurde vom WDR ein Film mit dem Titel „Smog" ausgestrahlt, der (als Fiktion) die Auswirkungen einer Smogkatastrophe im Ruhrgebiet auf alle Bereiche des täglichen Lebens darstellte (vgl. Krüger 1995: 102). Über ein Jahr zuvor, am 29.09.1971, hatte die von Willi BRANDT geführte Bundesregierung ein umfassendes Umweltprogramm (vgl. Klenke 1994: 185 m.w.N.) vorgelegt. Auf europäischer Ebene erging am 19.07.1973 das „1. Umweltaktionsprogramm der EWG" (vgl. Heger 2009: 167). Ebenfalls seit dem Jahr 1973 „... gab es dann in Bundesregierung, Bundesrat und Bundestag Bestrebungen, den Kernbestand der Strafvorschriften zum Schutz der Umwelt in das StGB einzufügen." (Bloy 1997: 578) Erwähnt werden muss hierzu aber auch, dass bereits 1971 ein sog. „Alternativentwurf eines Strafgesetzbuches (AE)" entwickelt worden war, der als zeitlich erstes strafrechtliches Gesamtmodel zum Umweltschutz in Deutschland (vgl. Krüger 1995: 33) gelten darf. Bemerkenswert ist dabei, „... dass die §§ 151 ff. AE-StGB mit „Personengefährdungen" überschrieben wurden und der Entwurf sogar ausdrücklich mit der Klarstellung versehen wurde, dass es gerade nicht um den Schutz der Umwelt gehe." (Kim 2004: 84 m.w.N.) Bis heute ist die Frage, ob das Umweltstrafrecht anthropozentrisch (d.h. zum Schutz des Menschen) oder aber ökozentrisch (d.h. zum Schutz der Umwelt) ausgerichtet ist, immer mal wieder Anlass von Diskussionen. Die Einführung des Umweltstrafrechts in das StGB dauerte schließlich noch bis zum Jahr 1980, nicht zuletzt, da es in Deutschland in den Jahren bis 1977 dringendere innenpolitische Probleme zu lösen galt (Stichwort „Deutscher Herbst").

1.5 Das deutsche Umweltstrafrecht im internationalen Vergleich

Das Modell einer sog. kernstrafrechtlichen Lösung (also die Integration in das StGB) entsprach im Übrigen auch „... einem internationalen Trend" (Bräutigam-

Ernst 2010: 242); eine „Vorreiterrolle" hat Deutschland im internationalen Vergleich aber hierbei keineswegs eingenommen (vgl. Kim 2004: 85, Fn. 45). In den Niederlanden wurde das Umweltstrafrecht bereits 1969 in das Kernstrafrecht integriert, 1976 in Österreich, 1977 in der DDR (siehe auch *Kaiptel* 2.2.3) und 1979 geschah dies auch in China (vgl. Heine 1989b: 722 ff.).

1.6 Mögliche Auswirkungen durch das geplante Umweltgesetzbuch (UGB)

Bereits seit 1976 (vgl. Kloepfer 2011: 23) gab es Bestrebungen, das gesamte Umweltrecht in einem einheitlichen Gesetzeswerk zusammen zu fassen; dieses Werk sollte den Namen „Umweltgesetzbuch" (UGB) tragen. Dazu gab es mehrere Entwürfe, wie dies realisiert werden sollte: neben einem sog. Professorenentwurf (UGB-ProfE) und einem sog. Sachverständigenentwurf (UGB-KomE) gab es auch noch einen sog. Referentenentwurf (UGB-RefE), welche sich eher im Aufbau denn im Inhalt voneinander unterschieden (vgl. Kloepfer 2011: 23 ff. und Winter 2008: 337 ff.). In keinem der Entwürfe war vorgesehen, das Umweltstrafrecht wieder aus dem StGB zu nehmen und als eigenständiges Kapitel in das UGB zu übernehmen. Im Februar 2009 wurde das Vorhaben „UGB" - zumindest vorläufig - als für „endgültig gescheitert" erklärt.

1.7 Fazit

Das deutsche Umweltstrafrecht ist eine vergleichsweise sehr junge Disziplin. Bis zum Ende des 19. Jahrhunderts fehlten in den Naturwissenschaften klare Erkenntnisse bzgl. der Gefährlichkeit von Schadstoffen; die Rechtsprechung war sehr industriefreundlich eingestellt. Das 20. Jahrhundert war durch die beiden Weltkriege (1914-1918 und 1939-1945) und deren Folgen (in den 1950er und 1960er Jahren) belastet. Erst in den 1970er Jahren erwachte der Umweltschutzgedanke in Deutschland und mit ihm auch die Überlegung, die Umweltstraftatbestände in das Kernstrafrecht zu integrieren. Die 1980 in das StGB schließlich aufgenommenen „Straftaten gegen die Umwelt" wären auch beim geplanten In-Kraft-Treten des UGB Bestandteil des Kernstrafrechts geblieben.

2 Allgemeine rechtliche Regelungen zum Umweltstrafrecht

2.1 Bedeutung des Strafrechts und des Umweltstrafrechts

2.1.1 Funktion des Strafrechts

Strafe dient grundsätzlich dem subsidiären Rechtsgüterschutz; es werden weder Ordnungswidrigkeiten noch bloße Moralwidrigkeiten vom Strafrecht erfasst (vgl. Jäger 2007: 2). Hinsichtlich des Zwecks von Strafe unterscheidet man die sog. absoluten und die relativen Straftheorien (vgl. Jäger 2007: 3 ff.):

1) Nach den absoluten Straftheorien ist Strafe ausschließlich die Reaktion auf eine Verfehlung, also eine „Antwort auf die Tat".

2) Die relativen Straftheorien begreifen Strafe dagegen als ein präventives Mittel, um dadurch konkrete, sozialkonstruktive Zwecke zu erreichen. Hier unterscheiden sich wiederum die generalpräventiven Theorien von den spezialpräventiven Theorien:

Die generalpräventiven Theorien sehen den Zweck von Strafe vor allem in der Abschreckung der Allgemeinheit bzw. sonstiger potentieller Täter; nicht die bereits begangene Tat steht also im Vordergrund, sondern die Verhinderung von künftigen Taten. Die negative Generalprävention setzt dabei vorrangig auf die Wirkung der Abschreckung, wo hingegen die positive Generalprävention auf die „Bestätigung der Unverbrüchlichkeit der Rechtsordnung" abzielt.

Die spezialpräventiven Theorien sehen den Täter im Fokus. Die negative Spezialprävention setzt auf die Abschreckung des Täters bzw. (für den Fall, dass der Täter nicht abschreckbar oder besserungsfähig ist) auf dessen Ausschaltung. Die positive Spezialprävention setzt auf Besserung des Täters (im Sinne von Resozialisierung), damit er nicht mehr straffällig zu werden braucht.

3) Da beide o.g. Theorien auch Schwächen aufweisen, wird heute die sog. Vereinigungstheorie als herrschende Meinung vertreten: neben dem Vergeltungsaspekt sind hier vor allem gerneral- und spezialpräventive Elemente enthalten.

4) Nach allgemeiner Ansicht (vgl. dazu z.B. Roxin 1966: 382) stellt das Strafrecht die „ultima ratio" des Rechtsgüterschutzes dar. Damit ist gemeint: „Die Androhung von Kriminalstrafe sei nur zulässig, wenn es kein anderes, genauso effektives Mittel gebe, schädliche Handlungen zu verhindern, etwa durch zivil- oder verwaltungsrechtliche Normen. Bei der Strafe handele es sich um eine staatliche Reaktion, deren Einsatz nur

dann legitim sei, wenn andere Mittel versagten. Strafrechtliche Verbotsnormen müssten subsidiär bleiben, sie müssten ultima ratio sein." (Bräutigam-Ernst 2010: 339) „Das Prinzip selbst ist richtig und muß beachtet werden, denn das Strafrecht soll und kann erst dann eingreifen, wenn das Sozialverhalten eines Einzelnen derart unerträglich wird, daß die Gesellschaft dies sanktionieren muß." (Miller 2003: 324) Sieht man die zentrale Aufgabe des Umweltstrafrechts in der „... Erzwingung umweltrechtsgemäßen Verhaltens durch die jeder Strafandrohung innewohnenden Zwecke der General- und Spezialprävention" (Kloepfer 2011: 149), dann ist die Verortung der entsprechenden Vorschriften im StGB folgerichtig. KRÜGER (1995: 208) weist aber dazu darauf hin, dass beim Entwurf des 18. StrÄndG keine empirischen Untersuchungen durchgeführt wurden, welche die Notwendigkeit des StGB als Standort für die Regelungen belegen können. Daher bleiben zumindest Zweifel, ob der „ultima ratio"-Gedanke tatsächlich die Integration in das StGB trägt. Dem Gesetzgeber fällt bei derartigen Entscheidungen aber auch ein umfangreicher Gestaltungsspielraum zu, der (bei Bedarf) vom Bundesverfassungsgericht überprüft werden kann.

Fraglich ist auch, ob das Umweltstrafrecht einen Beitrag zur Nachhaltigkeit leisten kann. Der Begriff „Nachhaltigkeit" oder „nachhaltige Entwicklung" geht auf die 1987 veröffentlichte Definition der sog. Brundtland-Kommission zurück: „Sustainable development is development that meets the needs of the present without compromising the ability of future generations to meet their own needs." (World Commission 1987: 43) Dieser Gedanke spiegelt sich auch in Art. 20a des Grundgesetzes wieder (siehe *Kapitel 2.2.5*). Betrachtet man die Umwelt (mit Menschen, Tieren, Pflanzen, usw.) als ein System, so kann man auch sagen: „Ein nachhaltiges System ist ein System, das überlebt bzw. fortdauert." (Griebler/Mösslacher 2003: 339) Dabei ergibt sich aber auch ein praktisches Problem, nämlich „... dass erst im Nachhinein beurteilt werden kann, ob

Nachhaltigkeit vorliegt oder nicht." (Griebler/Mösslacher 2003: 339) Nachhaltigkeit kann also erst aus der ex-post-Perspektive bewertet werden, während der Gesetzgeber (im Jahr 1980) aus einer ex-ante-Perspektive agierte. Natürlich vermag das Strafrecht – trotz aller general- und spezialpräventiver Ansätze – die Begehung von Straftaten nicht völlig zu verhindern. Es darf aber angenommen werden, dass das Umweltstrafrecht zumindest einen kleinen Beitrag zur Eindämmung von Umweltdelikten und damit zur Nachhaltigkeit beigetragen hat. Darauf wird beim Thema „Vollzugsdefizit" nochmals einzugehen sein.

2.1.2 Kriminalstatistik, Vollzugsdefizit

Wie oft kommen Umweltstraftaten in der Praxis tatsächlich vor? Diese Frage wird regelmäßig durch sog. Strafverfolgungsstatistiken beantwortet. Man unterscheidet in diesen Statistiken zwischen abgeurteilten Straftaten und Verurteilungen. Bei den Verurteilungen wurde gegen die Angeklagten eine Freiheitsstrafe, ein Strafarrest oder eine Geldstrafe verhängt; die Verhängung der Geldstrafe kann auch durch einen rechtskräftigen Strafbefehl erfolgt sein. Zu den abgeurteilten Straftaten zählen neben den Verurteilungen auch Freisprüche und Verfahrenseinstellungen. Für die Jahre 1981 bis 1998 ergibt die Strafverfolgungsstatistik (Franzheim/Pfohl 2001:10) bzgl. der Aburteilungen folgendes Bild (für die „alten" Bundesländer): die Zahl aller abgeurteilten Umweltdelikte (§§ 324-330a StGB) erreichte 1989 mit knapp 4.900 (davon 47 Aburteilungen nach § 330 StGB) einen vorläufigen Höhepunkt. Bis 1993 sank die Zahl wieder auf unter 4.000 (bei 31 Taten nach § 330 StGB), um dann bis 1997 auf über 5.300 Taten (17 Taten nach § 330 StGB) anzusteigen. Im Jahr 1998 sank die Zahl wieder auf ca. 4.800 (18 Taten nach § 330 StGB), was in etwa dem Niveau von 1989 entspricht. Bemerkenswert ist dabei, dass die Zahl der Straftaten gem. § 324 StGB im Jahr 1998 mit 576 nur noch knapp ein Viertel der Deliktszahlen von 1989 (2544) ausmacht. Für die Jahre 2002 bis 2010 ergeben sich die Zahlen der Abgeurteilten aus der nachstehenden Tabelle:

Jahr	Abgeurteilte gesamt	§§ 324-330a StGB	Prozentsatz	§ 330 StGB
2002	8913005	4397	0.49	12
Änderung (Δ)	Plus 65254	Minus 854	Minus 0.12	Minus 5
2004	958259	3543	0.37	7
Änderung (Δ)	Minus 25907	Minus 1050	Minus 0.10	Minus 1
2006	932352	2493	0.27	6
Änderung (Δ)	Plus 155490	Minus 431	Minus 0.08	Plus 6
2008	1087842	2062	0.19	12
Änderung (Δ)	Minus 69836	Minus 259	Minus 0.01	Minus 4
2010	1018006	1803	0.18	8

Tabelle 1: Abgeurteilte Umweltdelikte in den Jahren 2002 bis 2010

Hierbei handelt es sich allerdings um das gesamte Bundesgebiet („alte" und „neue" Bundesländer). Interessant ist auch der Anteil an abgeurteilten Umweltstraftaten im Vergleich zur Gesamtzahl an abgeurteilten Delikten. Die Zahl der Verurteilungen muss per definitionem kleiner sein, als die der Aburteilungen:

Jahr	Verurteilte gesamt	§§ 324-330a StGB	Prozentsatz	§ 330 StGB
2002	719751	3545	0.49	7
Änderung (Δ)	Plus 56051	Minus 804	Minus 0.14	keine
2004	775802	2741	0.35	7
Änderung (Δ)	Minus 24415	Minus 881	Minus 0.10	Minus 4
2006	751387	1860	0.25	3
Änderung (Δ)	Plus 123304	Minus 367	Minus 0.08	Plus 2
2008	874691	1493	0.17	5
Änderung (Δ)	Minus 61425	Minus 212	Minus 0.01	Minus 1
2010	813266	1281	0.16	4

Tabelle 2: Verurteilte Umweltdelikte in den Jahren 2002 bis 2010

Auffällig ist, dass nur in 2-4 % aller Verurteilungen Freiheitsstrafen (mit oder ohne Bewährung) ausgesprochen wurden:

Jahr	Verurteilte §§ 324-330a StGB	Freiheitsstrafen	Geldstrafen
2002	3545	76	3469
Änderung (Δ)	Minus 804	Minus 12	Minus 792
2004	2741	64	2677
Änderung (Δ)	Minus 881	Minus 15	Minus 866
2006	1860	49	1811
Änderung (Δ)	Minus 367	Plus 4	Minus 371
2008	1493	53	1440
Änderung (Δ)	Minus 212	Minus 10	Minus 202
2010	1281	43	1238

Tabelle 3: Verhängte Strafen bei Umweltdelikten in den Jahren 2002 bis 2010

Vergleicht man die o.g. Zahlen mit den polizeilich registrierten Straftaten gegen die Umwelt (Bohne 2005: 21 m.w.N.), so ergeben sich folgende Relationen:

1981:   5.844 registrierte Delikte,   1.636 Aburteilungen   (entspricht 28 %)
1989: 22.816 registrierte Delikte,   4.887 Aburteilungen   (entspricht 21 %)
1997: 30.528 registrierte Delikte,   5.314 Aburteilungen   (entspricht 17 %)

Es führt also nur jede vierte, fünfte oder sogar nur jede sechste polizeilich registrierte Umweltstraftat auch zu einer gerichtlichen Aburteilung. Der Grund dafür liegt in der großen Anzahl an Verfahrenseinstellungen nach den §§ 170 Abs.2, 153 oder 153a StPO (vgl. Bohne 2005: 21 m.w.N.). Das häufiger (vgl. beispielhaft Busch/Ihrig 2002: 60) angeführte „Vollzugsdefizit" - also das Missverhältnis zwischen verfolgten und sanktionierten Umweltstraftaten – kann damit aber nur oberflächlich begründet werden. Nicht die Anzahl der Handlungen ist entscheidend, sondern der Umfang des eingetretenen Schadens; dies bleibt in derartigen Statistiken unberücksichtigt. Hier hätten nur die Einzelwerte der

Delikte nach § 330 StGB (Besonders schwerer Fall einer Umweltstraftat) eine gewisse Aussagekraft; so detailliert liegen die Zahlen allerdings nicht vor.

2.1.3 Strafrahmen der §§ 324 ff. StGB

Nach medienwirksamen Umweltschadensereignissen (die dann regelmäßig als „Umweltkatastrophen" bezeichnet werden, vgl. *Kapitel 2.2.4*) wird häufig auch der Ruf nach „härteren Strafen" laut. Durch das 2. UKG kam es bereits vereinzelt zu Strafverschärfungen. Die §§ 324-329 StGB sehen als Strafrahmen Freiheitsstrafen bis zu 1, 2, 3 oder 5 Jahren vor (oder jeweils eine Geldstrafe). Der § 330 StGB hat Strafrahmen, die von 6 Monaten bis 5 oder 10 Jahren, und von 1-10 Jahren reichen; auch eine Freiheitsstrafe „nicht unter drei Jahren" wird angedroht. Ähnliches gibt der § 330a StGB vor, wobei hier auch noch Freiheitsstrafen bis zu 3 bzw. 5 Jahren (oder eine Geldstrafe) verhängt werden können. Nur wenige der Regelbeispiele in den §§ 330 und 330a StGB sind also Verbrechen i.S.d. § 12 Abs.1 StGB; alle anderen Straftaten sind Vergehen (§ 12 Abs.2 StGB). Im Vergleich mit anderen Straftaten, wie z.B.

- § 185 StGB (Beleidigung): bis 1 Jahr Freiheitsstrafe oder Geldstrafe
- § 223 StGB (Körperverletzung): bis 5 Jahre Freiheitsstrafe oder Geldstrafe
- § 242 StGB (Diebstahl): bis 5 Jahre Freiheitsstrafe oder Geldstrafe
- § 303 StGB (Sachbeschädigung): bis 2 Jahre Freiheitsstrafe oder Geldstrafe

ergibt sich also kein besonders Missverhältnis. Auch die Ausgestaltung des § 314 StGB (Gemeingefährliche Vergiftung) als Verbrechen mit einem Strafrahmen von 1-10 Jahren erscheint hier verhätnismäßig. Bei der Bemessung der einzelnen Strafrahmen hat der Gesetzgeber insbesondere das Gesamtsystem der Freiheitsstrafen zu berücksichtigen und ist überdies dem Grundsatz der Verhältnismäßigkeit (auch „Übermaßverbot" genannt) verpflichtet. Die in den §§ 324-330a StGB angedrohten Strafen sind in dieser Höhe sachgerecht; eine Strafverschärfung ist gegenwärtig nicht angezeigt.

2.1.4 Sanktioniertes Verhalten

Mit jeder Strafvorschrift wird auch eine normative Wertungsaussage getätigt. Ein Verhalten wird dann – aber auch nur dann – als Straftat eingestuft, wenn es das friedliche und gedeihliche Zusammenleben in einer Gesellschaft stören würde.

Bei jeder Norm aus dem Besonderen Teil des StGB (§§ 80-358) kann man also diese beiden Fragen stellen:
1. Wer oder was soll dadurch geschützt werden?
2. Welches Verhalten wird damit sanktioniert?

Bei vielen Strafvorschriften ist dies offensichtlich:
- die §§ 211 (Mord) und 212 (Totschlag) StGB schützen das menschliche Leben vor Tötungshandlungen anderer Menschen
- § 223 StGB (Körperverletzung) schützt die menschliche Gesundheit vor körperlichen Misshandlungen oder Gesundheitsschädigungen
- § 303 StGB (Sachbeschädigung) schützt das Eigentum an Sachen vor Beschädigung oder Zerstörung

usw.

Betrachtet man sich die Vorschriften der §§ 324 ff. StGB genauer, so fällt auf, dass dort einerseits bestimmte Handlungen genannt sind („ein Gewässer verunreinigen", § 324 Abs.1; „Stoffe in den Boden einbringen", § 324a Abs.1; „eine kerntechnische Anlage betreiben", § 327 Abs.1), diese Handlungen müssen aber auch noch z.b. „unbefugt", „unter Verletzung verwaltungsrechtlicher Pflichten" oder „ohne die erforderliche Genehmigung" ausgeübt werden. Nicht das Verunreinigen eines Gewässers per se ist also strafbar, sondern lediglich das **unbefugte** Verunreinigen. Ob sich jemand nach § 324 Abs.1 StGB strafbar macht, hängt also (neben anderen Faktoren) von zwei Teilfragen ab:
1. Wurde eine Gewässer verunreinigt bzw. dessen Eigenschaften nachteilig verändert?

und:

2. Gab es dafür eine Befugnis (eine Erlaubnis)?

Eine solche Befugnis wird in der Regel durch eine Verwaltungsbehörde erteilt; auf die damit verbundenen Probleme der sog. „Verwaltungsakzessorietät" darf an dieser Stelle nur kurz hingewiesen werden (siehe ausführlicher in *Kapitel 3.1*). Bei den anderen o.g. Delikten (Tötungsdelikte, Körperverletzung, Sachbeschädigung) gibt es keine Möglichkeit der Legitimation durch ein Verwaltungshandeln. Allenfalls kann es sein, dass die Handlung (Tötung, Körperverletzung, Sachbeschädigung) deshalb nicht strafbar ist, weil der Täter einen persönlichen Rechtfertigungsgrund (z.B.: Notwehr bzw. Nothilfe, § 32 StGB) für sein Handeln hatte. Im Falle des § 324 StGB ist es also denkbar, dass sich jemand strafbar macht, weil er ohne Genehmigung seine Produktionsabwässer in einen Fluss geleitet hat. Hätte er sich die notwendige Genehmigung (nach dem WHG) von der Behörde geholt, so wäre das Handeln eben nicht „unbefugt" gewesen und damit auch nicht strafbar. Bisweilen wird deshalb auch kritisiert (vgl. Kim 2009: 76), das Umweltstrafrecht würde in vielen Fällen primär den „Verwaltungsungehorsam" sanktionieren. Damit wird dem Täter also hauptsächlich vorgeworfen, dass er sich nicht an die „Spielregeln der Verwaltungsrechts" gehalten hat, da er sich sein beabsichtigtes Handeln nicht behördlich genehmigen ließ. Die eigentliche Handlung des Täters (z.B.: Einleiten der Produktionsabwässer) und deren Unrechtsgehalt rückt damit in den Hintergrund. Im Hinblick auf die Frage, ob und inwieweit solche Vorschriften auch akzeptiert werden, ist dies aber von erheblicher Bedeutung.

2.1.5 Akzeptanz und Bedeutung des Umweltstrafrechts

Leicht kann dadurch der Eindruck erweckt werden, die begangene Handlung (z.B.: Entleeren von Gülle in einen nahe gelegenen Bach) sei „nicht so schlimm", nach dem Motto „Andere machen noch viel Schlimmeres und haben dafür sogar eine Erlaubnis bekommen. Große Chemiekonzerne kippen doch täglich kubikmeterweise Säure in den Rhein..." Dem Empfinden der Betroffenen nach haben diese dann keine „echte" Straftat begangen, sondern allenfalls ein sog. „Kavaliersdelikt". Eine griffige Definition für diesen Begriff gibt es nicht, er lässt sich aber umschreiben (vgl. WIKIPEDIA 2012). Danach handelt es sich um eine Ordnungswidrigkeit oder eine Straftat, die von der Allgemeinheit als nur geringfügiger und deshalb legitimer Gesetzesverstoß akzeptiert wird, zum Teil sogar befürwortet wird. Vergleichbare Handlungen sind das sog. „Schwarzfahren" in öffentlichen Verkehrsmitteln (strafbar gem. § 265a StGB) oder das unbezahlte downloaden von urheberrechtlich geschützten Musikstücken und Videos aus dem Internet. Diese Haltung zu vermeiden war aber gerade eines der erklärten Ziele des damaligen Gesetzgebers: „Damit soll verstärkt ins Bewußtsein unserer Bürger dringen: Umweltdelikte sind keine Kavaliersdelikte, sondern strafbares Unrecht." (Krüger 1995: 195 m.w.N.) Es gibt keine gesicherten wissenschaftlichen Erkenntnisse neueren Datums, ob dies auch tatsächlich gelungen ist; Zweifel daran sind aber angebracht. Begünstigt wird dies auch durch die Rolle der Medien. Diese berichten zwar sehr ausführlich über das Ausmaß und die ökologischen Folgen von großen Umweltschadensereignissen (zuletzt beispielsweise über die Leckage an der Ölplattform „Deepwater Horizon" im April 2010); strafrechtliche Bewußtseinsbildung kommt hier aber nicht zum Tragen. Wenn überhaupt, dann geht es um Soforthilfen und finanzielle Entschädigungen für betroffene Fischer oder die Tourismusbranche, also primär um zivilrechtliche Haftungsfragen. Regelrecht angeprangert wird dabei auch intensiv der betreibende Konzern (wie z.B. „British BP"). Von der eigentlichen Problematik lenkt dies aber eher ab: „In der Berichterstattung werden spektakuläre Einzelfälle und deren Verursacher in den Vordergrund gestellt und weniger generelle Umweltrisiken, die durch langfristige Prozesse und durch die Summation vieler kleiner Ereignisse entstehen. Dies fördert die Einstellung, dass sich der Einzelne als Betroffener und nicht als potenzieller Verursacher sieht." (PSB 2001: 178) Eine wichtige Funktion hatten die Massenmedien bei der Implementierung des Umweltstrafrechts im Jahre 1980: „Sie dienen dazu, gesetzgeberische Entscheidungen in die Alltagssprache zu „übersetzen" und diese im Rechtsbewußtsein der Bevölkerung zu verankern." (Krüger 1995: 108) Zu dieser Zeit wurde auch die Bundesregierung von sich aus aktiv: „Begleitend dazu wurde mit einem Kostenaufwand von knapp 100.000,- DM eine Informationsbroschüre zum 18. StRÄG herausgebracht. Dieser im Verhältnis zu anderen Gesetzesvorhaben relativ geringe finanzielle Aufwand ist darauf zurückzuführen, daß die Bevölkerung als Adressat dieses Gesetzes erst in zweiter Linie angesprochen werden sollte." (Krüger 1995: 116) Unklar ist, wie man dadurch erreichen wollte, dass der strafwürdige Charakter von Vergehen gegen die Umwelt Bestandteil des allgemeinen Rechtsbewußtseins werden sollte (vgl. Krüger 1995: 194 m.w.N.). Allen Beteuerungen zum Trotz scheint das Umweltstrafrecht eher ein Nischendasein zu führen. Es verwundert daher auch nicht weiter, dass „... die Tatbestände der §§ 324 ff nicht im alltäglich Gebrauch eines Juristen stehen..." (Krüger 1995: 195), zumal die §§ 324-330 d StGB gerade noch in 4 Bundesländern zum Pflichtstoff für das juristi-sche Examen gehören; in 2 weiteren Bundesländern werden Grundkenntnisse dazu erwartet (vgl. Joecks 2007: §§ 324 ff., jeweils nach dem Gesetzestext).

2.1.6 Restrisiko, Risikogesellschaft

Strafbares Handeln muss stets auch vorwerfbar sein, d.h. die Handlung wurde entweder vorsätzlich begangen oder fahrlässig; in Ausnahmefällen (sog. echte oder unechte Unterlassungsdelikte) kann auch das Nichthandeln zum Vorwurf gemacht werden. Diesem Modell liegen recht klare Überlegungen zu den Zusammenhängen von Ursachen und Wirkungen zu Grunde: die Tathandlung (oder das Unterlassen) müssen kausal für die Rechtsgutverletzung sein. Nimmt man in Gedanken die Handlung des Täters weg, so müsste auch der Erfolg (im neutralen Sinne) der Handlung entfallen. Analog gilt dies bei den Unterlassungsdelikten, nur dass hier die Handlung des Täters dazu gedacht wird. Bei einem Einzeltäter ist dies zumeist unproblematisch. Die Probleme in der Praxis liegen hier regelmäßig im Bereich der Beweisführung. Je mehr Menschen bei strafbaren Handlungen zusammenwirken, desto schwieriger gestaltet sich die Zuordnung und die Gewichtung der einzelnen Tatvorwürfe. Dies gilt v.a. dann, wenn aktives Tun und Unterlassen aufeinander treffen. Ausgehend von der Größe des verursachten Schadens stehen daher nicht die Einzeltäter im Fokus, sondern Unternehmen. Als Beispiel sei hier die schweizer Firma SANDOZ und der Vorfall im Jahr 1986 genannt (ausführlich dazu: *Kapitel 4.3.4*). Gerade bei solchen Großschadensfällen ist das öffentliche und das juristische Bedürfnis nach strafrechtlicher Verantwortung besonders groß. In der Praxis „... scheitert die Zurechnung betrieblicher Umweltverstöße zum großen Teil an den Schwierigkeiten bei der Feststellung eines strafrechtlich-verantwortlichen individuellen Verursachers und beim Nachweis seines Verschuldens, was hauptsächlich auf der Organisations- und Handlungsstruktur der Großunternehmen beruht." (Kim 2009: 109) Als Grund für derartige Unternehmensstrukturen sind in der Regel die komplexen und komplizierten Vorgänge in Unternehmen (v.a. in der Produktion), sowie ein hoher Spezialisierungsgrad der einzelnen Mitarbeiter zu sehen. Die Folge ist: „In der modernen Industriegesellschaft sind die industriellen Betriebsvorgänge von Großunternehmen häufig mit den höchsttechnisierten Bereichen verbunden und enthalten nicht selten betriebliche Großrisiken. Diese ... stellen ein höheres Gefahrdungspotential für Menschen und Umwelt dar." (Kim 2009: 110) Auf dieses Problem hat bereits 1984 Charles PERROW in seinem Buch „Normal Accidents. Living with High-Risk Technologies.", das 1989 auch auf Deutsch erschienen ist, aufmerksam gemacht. Insbesondere die Ausführungen zu den petrochemischen Anlagen (vgl. Perrow 1989: 141 ff.) und zu den Vorfällen im Kernkraftwerk von Three Mile Island bei Harrisburg (US-Bundesstaat Pennsylvania) im Jahr 1979 (vgl. Perrow 1989: 33 ff.) verdeutlichen diese Problematik. Die Kernschmelzen in den AKWs in Tschernobyl (1986) und Fukushima (2011) sind nur zwei weitere Beispiele. Im deutschen Sprachgebrauch laufen solche Ereignisse zumeist unter dem Begriff „Unfall", wie z.B. „Chemieunfall" oder „Größter anzunehmender Unfall (GAU)". Damit sollte aber nicht die Annahme verbunden werden, es könne hierbei keine Straftat vorliegen. Inspiriert durch die Ausführungen von PERROW prägte der Soziologe Ulrich BECK 1986 den Begriff der „Risikogesellschaft" mit seinem Buch „Risikogesellschaft. Auf dem Weg in eine andere Moderne". Er selbst definiert den Begriff in einem anderen Buch (Beck 1988: 109) wie folgt: „Gesellschaften, die zunächst verdeckt, dann immer offensichtlicher mit den Herausforderungen der selbst geschaffenen Selbstvernichtungsmöglichkeit allen Lebens auf dieser Erde konfrontiert sind." Das soziologische Konstrukt der Risikogesellschaft findet sich auch in der Rechtsprechung wieder, hier unter dem Begriff des „Restrisikos"; „Als „Restrisiko" oder auch „Risikorest" bezeichnet man das unterhalb des rechtlich gebotenen Sicherheitsstandards liegenden und deshalb rechtlich erlaubte Risiko." (Murswiek 1985: 87) Auch das Bundesverfassungsgericht verwendete diesen Begriff einst (1978) in einer Entscheidung: „Das Restrisiko ist dadurch gekennzeichnet, daß die Möglichkeit eines künftigen Schadensereignisses zwar praktisch, aber nicht mit letzter Sicherheit ausgeschlossen werden kann (BVerfGE 49, 89, 136 – Kalkar)." (SRU 1999: 53) Die Entscheidung betrifft zwar eine verwaltungsrechtliche Ausgangsfrage (nämlich das Zulassungsverfahren betreffend das AKW in Kalkar) und nicht eine strafrechtliche Problematik. Unter dem Aspekt der „Einheit der Rechtsordnung" (ausführlicher dazu: *Kapitel 3.1.1*) hat dies aber auch Auswirkungen auf die strafrechtliche Ausgangslage. Offensichtlich ist es nicht völlig vermeidbar, dass bei bestimmten Produktionsarten und Unternehmen (z.B. Kernkraftwerke oder Chemieunternehmen) Risikoreste eines schädigenden Ereignisses bestehen bleiben. Nach der Wertung des BVerfG sind diese auch „... als sozial-adäquate Lasten verfassungsrechtlich hinnehmbar und von allen Bürgern zu tragen." (Kloepfer 2011: 65 f.) Eine logische Folge davon ist, dass es durch Menschen verursachte Umweltschäden gibt, die keine strafrechtliche Verantwortung nach sich ziehen muss. Hieran knüpfen sich v.a. moralische und wertungsmäßige Fragen, wie z.B.: Privillegiert man dadurch nicht die großen Unternehmen, von denen aber auch gleichzeitig die größten Gefahren ausgehen? Sind „vor dem Gesetz" nicht eigentlich „alle gleich"? Sind solche Strafbarkeitslücken überhaupt tolerierbar? Kurzum, es stellt sich die Frage, ob das Strafrecht ein geeignetes Mittel darstellt, um auf diese neuen Formen von Risiken angemessen reagieren zu können (vgl. Kim 2004: 24). An dieser Stelle muss die Frage jedoch offen bleiben (dürfen).

2.2 Ursprung und Entwicklung des Umweltstrafrechts im StGB

2.2.1 Stand der Vorschriften bis 1980

Bis zum Jahr 1980 waren Vorschriften, die Umweltdelikte betreffen, ganz überwiegend in Spezialgesetzen verstreut (vgl. Triffterer 1980: 42 ff.). Im StGB selber, also im sog. Kernstrafrecht, waren lediglich die Strahlendelikte in den §§ 310b bis 311b geregelt, alle anderen Regelungen befanden sich also im sog. Nebenstrafrecht:

- Vorschriften zum Schutz des Wassers fanden sich v.a. in den §§ 38 und 39 des Wasserhaushaltsgesetzes (WHG) für die Binnengewässer; die Küstengewässer und die Hohe See wurden durch andere Normen (z.B. durch das sog. „Genfer Übereinkommen" von 1958) geschützt.
- Die Vorschriften zum Schutz der Luft und der Ruhe bildeten insbesondere die §§ 63 und 64 des Bundes-Immissionsschutzgesetzes (BImSchG).
- Die unsachgemäße Behandlung, Lagerung und Ablagerung von gefährlichen Abfällen war durch das Abfallbeseitigungsgesetz unter Strafe gestellt. Für Abfälle von Kernbrennstoffen und sonstigen radioaktiven Stoffen galten die §§ 45, 47 und 48 des Atomgesetzes als lex specialis.
- Die Pflanzenwelt wurde durch Vorschriften des Pflanzenschutzgesetzes geschützt. Zum Schutz der Tierwelt existierten Vorschriften im Tierschutzgesetz, im Bundesjagdgesetz und im Viehseuchengesetz.
- Durch die §§ 8 und 51 des Lebensmittel- und Bedarfsgegenständegesetzes (LMBG) sollte vor dem übermäßigen Gebrauch chemischer Wirkstoffe geschützt werden.
- Neben den europarechtlichen Bestimmungen (vgl. dazu *Kapitel 2.4)* in Form verschiedener Richtlinien, gab es noch eine Reihe von internationalen Abkommen, welche die Bundesrepublik Deutschland in den Jahren von 1951 bis 1974 unterzeichnet hat (siehe dazu: Triffterer 1980: 55 f.).

2.2.2 Das (Erste) Gesetz zur Bekämpfung der Umweltkriminalität von 1980

Als Ergebnis des bereits dargestellten Entwicklungsprozesses in den 1970er Jahren wurde schließlich vom Bundestag am 13.02.1980 (vgl. BT-Drs. 8/201) das „18. Strafrechtsänderungsgesetz" (18. StrÄndG; BGBl. 1980 I, S.373) beschlossen, welches dann am 1. Juli 1980 in Kraft getreten ist. Dieses Gesetz wird auch als „(Erstes) Gesetz zur Bekämpfung der Umweltkriminalität" (1. UKG) bezeichnet. Hierdurch wurden die meisten der o.g. Strafvorschriften aus dem Nebenstrafrecht in das sog. Kernstrafrecht, also das StGB, integriert. „Wenn es auch falsch wäre, das Jahr 1980 als die „Stunde Null" des Umweltstrafrechts zu bezeichnen, so ist doch unverkennbar, dass die damalige Entscheidung des Gesetzgebers, die wichtigstens Tatbestände zum Schutz der Umwelt in einen ... Abschnitt des Strafgesetzbuches aufzunehmen, wichtige Impulse für die Entwicklung des Umweltstrafrechts gegeben hat." (Rogall 2001: 796) Die Inhalte der aus dem Nebenstrafrecht übernommenen Vorschriften änderten sich wenig. Wichtiger war etwas anderes: „Die Entscheidung des Gesetzgebers aus dem Jahr 1980 ... war zwar kein revolutionärer Akt, wohl aber eine Entscheidung von grundsätzlicher Bedeutung. Sie ging von der heute ... allgemein geteilten Überzeugung aus, dass zum Schutz der Umwelt auf den Einsatz strafrechtlicher Mittel nicht verzichtet werden kann. (...) Insgesamt war die Zeit für die Erkenntnis gereift, dass dem strafrechtlichen Umweltschutz jedenfalls keine geringere Bedeutung zukommt als dem Schutz von Individualrechten wie Leben, Gesundheit, Freiheit und Eigentum." (Rogall 2001: 796 f.) Der Gesetzgeber wollte damit also „... der Auffassung begegnen, Umweltverstöße seien im Vergleich zu anderen Straftatbeständen weniger gravierend, da sie „nur" in strafrechtlichen Nebengesetzen enthalten sind. Der strafwürdige Charakter von Vergehen gegen die Umwelt sollte Bestandteil des allgemeinen Rechtsbewußtseins werden." (Krüger 1995: 194) Man wollte auch „... deutlich machen, dass Umweltstraftaten ... keine Kavaliersdelikte sind." (Rogall 2001: 798) Durch das 18. StrÄndG wurde ein 28. Abschnitt in das StGB eingefügt, der aus den §§ 324-330c bestand. Im *Anhang C* findet sich der Text der §§ 324 ff. StGB in der Fassung vom 01.07.1980. Interessant sind dabei auch die Veränderungen, die der Gesetzgeber „kurz vor Schluss" als Ergänzung bzw. Korrektur des „Entwurfes eines Sechzehnten Strafrechtsänderungsgesetzes" (16. StrÄndG) vom 13.12.1978 (BT-Drs. 8/2382) aufgenommen hat; hier fällt insbesondere der neu geschaffene § 330b StGB („Tätige Reue") auf.

2.2.3 Die deutsch-deutsche Wiedervereinigung 1990

Im Jahre 1989 kündigte sich die Wiedervereinigung zwischen der Deutschen Demokratischen Republik (DDR) und der Bundesrepublik Deutschland (BRD) an. Dadurch war eine Harmonisierung der beiden Strafgesetze notwendig. In der DDR galt zu diesem Zeitpunkt das „Strafgesetzbuch der Deutschen Demokratischen Republik – StGB – vom 12. Januar 1968" (kurz: StGB-DDR) . Durch

Gesetz vom 07.04.1977 wurden in das StGB-DDR die §§ 191a und 191b eingefügt, die hier nur auszugsweise wieder gegeben werden (ebenso § 192):

§ 191a Verursachen einer Umweltgefahr
(1) Wer vorsätzlich unter Verletzung gesetzlicher oder beruflicher Pflichten eine Verunreinigung des Bodens, des Wassers oder der Luft mit schädlichen Stoffen oder mit Krankheitserregern verursacht ... und dadurch fahrlässig eine Gemeingefahr herbeiführt, wird mit Geldstrafe ... oder mit Freiheitsstrafe bestraft.
(2) Ebenso wird bestraft, wer unter vorsätzlicher Verletzung gesetzlicher oder beruflicher Pflichten eine Verunreinigung ... im bedeutenden Umfange verursacht ..., obwohl er bereits wegen einer gleichartigen, innerhalb von zwei Jahren begangenen, vorsätzlichen Handlung ... zur Verantwortung gezogen wurde.

§ 191b [ohne amtliche Überschrift]
(1) Wer fahrlässig eine im § 191a genannte Handlung begeht und dadurch fahrlässig eine Gemeingefahr herbeiführt, wird mit öffentlichem Tadel, Geldstrafe, ... oder mit Freiheitsstrafe ... bestraft.

§ 192 Gemeingefahr
Gemeingefahr ist eine unmittelbare Gefahr für das Leben oder die Gesundheit von Menschen oder für bedeutende Sachwerte. Eine Gemeingefahr liegt auch vor, wenn die lebenswichtige Versorgung der Bevölkerung erheblich beeinträchtigt oder die Entsorgung erheblich gestört ist.

Eine Strafbarkeit nach den §§ 191a oder 191b hatte also folgende Voraussetzungen:
- die Verletzung von gesetzlichen oder von beruflichen Pflichten
- eine vorsätzliche (oder fahrlässige) Verunreinigung des Bodens, des Wassers oder der Luft mit schädlichen Stoffen oder mit Krankheitserregern
  und
- als Folge davon: die fahrlässige Herbeiführung einer Gemeingefahr

Bedingung ist hier jeweils das Vorliegen einer Gemeingefahr i.S.v. § 192 StGB-DDR, d.h. die Herbeiführung einer unmittelbaren Gefahr für das Leben oder die Gesundheit von Menschen bzw. für bedeutende Sachwerte. „Der Täter muß eine akute Gefahrensituation heraufbeschwören, die jederzeit in ein das Leben oder die Gesundheit von Menschen, auch eines einzelnen individuell nicht bestimmten Menschen, oder bedeutende Sachwerte schädigendes Ereignis umschlagen kann." (Kommentar StGB-DDR 1987: 434) Die Straftat des § 191a StGB-DDR konnte auch tateinheitlich mit § 12 des Giftgesetzes (einer Entsprechung des bundesdeutschen Chemikaliengesetzes) erfüllt werden. Nur bei § 191 Abs.2

(Wiederholungstat) brauchte keine Gemeingefahr vorzuliegen; hier genügte eine „Verunreinigung in bedeutendem Umfang". Bei § 191b StGB-DDR war auch Tateinheit mit § 13 Giftgesetz und mit §§ 167 und 193 StGB-DDR möglich. Hatte die umweltgefährdende Handlung „... nicht die Schwere einer Straftat..." (Kommentar StGB-DDR 1987: 432), so konnte auch eine Ordnungswidrigkeit (z.B. nach Wassergesetz, Giftgesetz oder Landeskulturgesetz) vorliegen. Möglich war aber auch, dass § 3 StGB-DDR zur Anwendung kam. Nach § 3 Abs.1 StGB-DDR lag eine Straftat dann nicht vor, wenn die Handlung zwar dem Wortlaut eines gesetzlichen Tatbestandes entspricht, die Auswirkungen der Tat auf die Rechte und Interessen der Bürger oder der Gesellschaft aber unbedeutend sind, ebenso wie die Schuld des Täters. Begründet wurde dies wie folgt: „Es ist ein wichtiges Prinzips des sozialistischen Strafrechts, eine Handlung nicht isoliert und formal nur nach ihrem äußeren Erscheinungsbild, sondern immer im Zusammenhang mit allen tat- und täterbezogenen Umständen nach ihrem materiellen Gehalt zu beurteilen und danach ihren materiell-rechtlichen Charakter als Straftat (Verbrechen und Vergehen) oder als Verfehlung bzw. Ordnungswidrigkeit oder Disziplinarverstoß zu bestimmen." (Kommentar StGB-DDR 1987: 49). Dem bundesdeutschen Strafrecht unbekannt ist auch der in § 191b StGB-DDR genannte öffentliche Tadel (§ 37 StGB-DDR) :

(1) Der öffentliche Tadel wird ausgesprochen, wenn das Vergehen keine erheblichen schädlichen Auswirkungen hat oder wenn es zwar zu einem größeren Schaden führt, der Täter jedoch sonst ein verantwortungsbewußtes Verhalten zeigt und seine Schuld gering ist.

(2) Mit dem öffentlichen Tadel wird dem Täter durch das Gericht die Mißbilligung seines Handelns ausgesprochen, um ihn zur gewissenhaften Erfüllung seiner Pflichten gegenüber der sozialistischen Gesellschaft zu ermahnen.

„Der öffentliche Tadel ist eine Maßnahme der rechtlichen und politisch-moralischen Mißbilligung..." (Kommentar StGB-DDR 1987: 152) und damit wohl eher in den Bereich unterhalb der Ordnungswidrigkeiten einzuordnen. Anzunehmen ist, dass von den Regelungen kaum Gebrauch gemacht wurde, zumindest bzgl. der Verschmutzung von Gewässern, oder dass die Vorschriften keine abschreckende Wirkung hatten: „Über die Situation der Gewässer in der DDR ist, wenn auch vieles bisher nur unzureichend, so doch Schlimmes genug bekannt. (...) Die Lage ist also katastrophal." (Lübbe-Wolf 1990: 855 f.) Im „Vertrag über die Einigung... vom 31.08.1990" (Einigungsvertrag 1990) wurde in

Art. 8 festgelegt, dass mit dem Wirksamwerden des Beitritts in den Ländern der DDR das bundesdeutsche Recht in Kraft tritt. Nur das in Anlage II des Vertrages aufgeführte Recht der DDR bleibt in Kraft, sofern es „mit dem Grundgesetz unter Berücksichtigung dieses Vertrags sowie mit dem unmittelbar geltenden Recht der Europäischen Gemeinschaften vereinbar ist" (Art.9 Abs.2). In der Nr.1 der Anlage II sind lediglich die §§ 84, 149, 153-155 und 238 des StGB-DDR genannt. Die anderen Vorschriften des StGB-DDR waren damit außer Kraft gesetzt. Unter Betrachtung der hohen Anforderungen an eine Strafbarkeit in den §§ 191a und 191b StGB-DDR und den vergleichsweise milden Strafen, die hier angedroht waren, kam eine Übernahme der DDR-Regelungen nicht in Frage; auch eine „Nachbesserung" der bestehenden Regelungen der §§ 324 ff. StGB drängte sich durch die Wiedervereinigung nicht auf. Der Einigungsvertrag bestimmte dafür (in Anlage II, Kapitel III, C II, Anlage II, Kapitel III, Sachgebiet C – Strafrecht und Ordnungswidrigkeitenrecht, Abschnitt II), dass der § 191a StGB-DDR mit einem geänderten Text (für das gesamte Bundesgebiet !) in Kraft blieb. Er entsprach im Wesentlichen dem späteren § 324a StGB. Durch Art.12 des 31. StRÄndG (2. UKG) vom 27.06.1994 wurde der § 191a StGB-DDR endgültig aufgehoben.

2.2.4 Das Zweite Gesetz zur Bekämpfung der Umweltkriminalität von 1994

„Schon bald nach dem Inkrafttreten des neuen Umweltstrafrechts ertönte ein Crescendo an Stimmen, die ... auf die Reformbedürftigkeit der neuen Vorschriften schlossen. Darüber hinaus trugen verschiedene Störfälle, von denen der Brand im Werk Sandoz im November 1986 lediglich der spektakulärste gewesen sein dürfte, ein übriges dazu bei, das Problembewusstsein der Bevölkerung aufs äußerste zu schärfen und das Reformbedürfnis zu steigern." (Kim 2004: 86) Im „Entwurf eines Strafrechtsänderungsgesetz – Zweites Gesetz zur Bekämpfung der Umweltkriminalität" heißt es dazu: „Die Strafvorschriften zum Schutz der Umwelt haben sich zum Teil als zu kompliziert, zum Teil als zu eng erwiesen. Der Entwurf dient der Erweiterung und Effektivierung des Umwelt-strafrechts, die angesichts der immer bedrohlicheren Zerstörung der Umwelt erforderlich sind." (BT-Drs. 12/376: 1) Dies kam aber offenbar nicht überra-schend: „Daß „eine spätere Ergänzung und Erweiterung des strafrechtlichen Umweltschutzes" notwendig sein könne, war dem Gesetzgeber im übrigen bereits bei Erlaß des 18. StRÄG bewußt..." (BT-Drs. 12/376: 8) An den grund-legenden Prinzipien hat der Gesetzgeber durch das 2. UKG nichts verändert. „Schwerpunkte der Reform waren die Neuschaffung eines Bodenschutztat-bestandes (§ 324a StGB) und die Verstärkung der Strafnorm gegen Luftverun-reinigungen (§ 325 StGB) durch Einführung eines Emissionstatbestandes bei gleichzeitiger Ausgliederung des Lärmschutztatbestandes (§ 325a StGB)." (Kim 2004: 87) Das Gesetz (BGBl. 1994 I, S.1440) trat am 1. November 1994 in Kraft. Ob die Tatsache, „... dass die Kritik am Umweltstrafrecht zum größten Teil ver-stummt ist und sich die Diskussion versachlicht hat..." (alleine) auf die „Reform der Reform" (Rogall 2001: 803) zurückführbar ist, kann dahinstehen. Überzogen erscheint in jedem Fall die Äußerung seitens der Bundesregierung, die Bundes-republik Deutschland verfüge mit dem Inkrafttreten des 2. UKG über „... das schärfste Umweltstrafrecht der Welt." (Kim 2004: 87 f. m.w.N.)

2.2.5 Weitere Änderungen nach 1994, Einführung des Art. 20a GG

„Die nach 1994 erfolgten Änderungen des Umweltstrafrechts sind insgesamt von erheblich geringerer Bedeutung..." (Rogall 2001: 803). Das „6. Gesetz zur Reform des Strafrechts vom 26.01.1998" (BGBl. 1998 I, S.164) führte z.B. zu einer Neufassung des § 330 StGB und zu einer Änderung der Überschrift des § 326 StGB. § 330a StGB wurde nunmehr als Verbrechen (i.S.d. § 12 Abs.1 StGB) ausgestaltet. In den folgenden Jahren gab es keine nennenswerten Änderungen in den Vorschriften der §§ 324 ff. StGB zu verzeichnen.

Ohne Auswirkung auf die §§ 324 ff. StGB blieb hingegen die Einführung des Art. 20a in das Grundgesetz (GG) durch die Grundgesetznovelle vom 27.10.1994 (BGBl. 1994 I, S.3146), die am 15.11.1994 in Kraft getreten ist. Durch den Art. 20a GG „... wird der Umweltschutz neben den materiellen Teilen des Rechtsstaatsprinzips und dem Sozialstaatsprinzip zur weiteren materiellen Staatszielbestimmung." (Kim 2004: 89) Ebenso wie durch die anderen beiden Staatszielbestimmungen wird den Bürgerinnen und Bürgern dadurch weder ein Recht verliehen, noch eine Pflicht auferlegt. „Art. 20a wendet sich zunächst und primär an den Gesetzgeber ..., auch in den Ländern. Er ist verpflichtet, den in dieser Norm enthaltenen Auftrag umzusetzen, indem er geeignete Umwelt- und Tierschutzvorschriften erlässt..." (Jarass 2007: Art.20a, Rdnr.18) Dies ergibt sich bereits aus dem Text des Art. 20a GG selbst: „Der Staat schützt auch in Verantwortung für die künftigen Generationen die natürlichen Lebensgrundlagen ... im Rahmen der verfassungsmäßigen Ordnung durch die Gesetzgebung und nach

Maßgabe von Gesetz und Recht durch die vollziehende Gewalt und die Rechtsprechung." Der Gesetzgeber selber sah durch den neu eingeführten Art. 20a GG keine Veranlassung, die §§ 324 ff. StGB zu schärfen. Da beide Gesetze (das 2. UKG und die Grundgesetznovelle) beinahe zeitgleich in Kraft getreten sind, war dies aber auch nicht zu erwarten. Art. 20a GG hat für das Umweltstrafrecht folglich nur mittelbar Bedeutung, indem es die Gerichte, die Staatsanwaltschaften und die Verwaltungsbehörden zu einer stärkeren Orientierung an den Umweltschutzgedanken verpflichtet. „Nur bei völliger Untätigkeit des Gesetzgebers in Kerngebieten des Umweltschutzes oder bei grober Missachtung der Staatszielbestimmung wird man an eine verfassungsgerichtliche Streitigkeit … denken können." (Kloepfer 2001: 755) Im Bereich des Umweltstrafrechts ist dies derweil nicht zutreffend.

2.3 Wesentliche Inhalte der Regelungen des Umweltstrafrechts

„Seit der Zusammenfassung der wesentlichen „Straftaten gegen die Umwelt" mit dem 1. UKG steht der Terminus „Umweltstrafrecht" in der deutschen Strafrechtswissenschaft vor allem für den darin enthaltenen Kernbestand an umweltstrafrechtlichen Bestimmungen, dem „Umweltstrafrecht im engeren Sinne"..." (Heger 2009: 171) Neben den materiell-rechtlichen Strafbestimmungen sind aber auch die Straftatbestände des Nebenstrafrechts und die Bußgeldtatbestände von Bedeutung (vgl. Heger 2009: 171). Nachfolgend soll daher ein kurzer Überblick darüber gegeben werden, wie sich das Umweltstrafrecht ordnen lässt. Daneben sollen auch – in der gebotenen Kürze – die wesentlichen Inhalte der Vorschriften dargestellt werden; die Gesetzestexte sind zum Teil im *Anhang D* aufgeführt.

2.3.1 Die Strafvorschriften der §§ 324 bis 330d StGB

Strafvorschriften, die im Besonderen Teil (§§ 80 ff.) des Strafgesetzbuches niedergeschrieben sind, gehören zum sog. „Kernstrafrecht". Eine Aussage über die Schwere der Strafandrohung ist damit nicht verbunden; auch im sog. „Nebenstrafrecht" (vgl. *Kapitel 2.3.3*) können Freiheitsstrafen die Folge sein. Die verbotenen Handlungen sind in den §§ 324-330a StGB geregelt, während die §§ 330b, 330c und 330d StGB auf die vorangegangenen Vorschriften Bezug nehmen. Zu den Vorschriften im Einzelnen:

2.3.1.1 § 324 StGB (Gewässerverunreinigung)

Inhaltlich hat die Vorschrift ihren Vorgänger in § 38 des Wasserhaushaltsgesetzes (WHG) i.d.F. von 1976. Tatobjekt ist ein Gewässer, wie es in § 330d Nr.1 StGB legaldefiniert ist. Strafbar ist die Verunreinigung des Gewässers und die nachteilige Veränderung der Eigenschaften des Gewässers. Aus dem Wort „sonst" wird gefolgert, dass die Verunreinigung ein spezieller Fall der nachteiligen Eigenschaftsveränderung darstellt (vgl. L/K 2011: § 324 Rdnr.3). Die amtliche Überschrift der Vorschrift („Gewässerverunreinigung") ist hier also nicht ganz exakt; wohl aber ist dafür der Ausdruck griffiger. Als „nachteilige Veränderung" gilt jede nicht unerhebliche Verschlechterung der natürlichen Gewässereigenschaften im physikalischen, biologischen oder chemischen Sinn. Es kommt darauf an, ob das Gewässer in seinem Status quo nachteilig verändert wurde (vgl. Joecks 2007: § 324 Rdnr.4); auch ein bereits verschmutztes Wasser kann also ein taugliches Tatobjekt sein. Einzelheiten dazu finden sich in *Kapitel 4.1*. Strafbar ist die „unbefugte" Gewässerverunreinigung, d.h. sie ist generell verboten. Nur ausnahmsweise und (im Regelfall) durch eine behördliche Erlaubnis liegt kein strafbares Verhalten vor. Ob es sich bei dem Wort „unbefugt" um ein Tatbestandsmerkmal handelt, oder – wie es die herrschende Meinung sieht (vgl. L/K 2011: § 324 Rdnr.8) – ein allgemeines Verbrechensmerkmal der Rechtswidrigkeit darstellt, ist eher akademischer Natur und braucht hier nicht weiter vertieft zu werden. Die Strafandrohung ist Freiheitsstrafe bis zu 5 Jahren oder Geldstrafe. Es handelt sich also nicht um ein Verbrechen (i.S.v. § 12 Abs.1 StGB), sondern um ein Vergehen, § 12 Abs.2 StGB. Nach § 23 Abs.1 StGB muss damit der Versuch ausdrücklich unter Strafe gestellt sein, was durch § 324 Abs.2 StGB auch geschehen ist. Gleiches gilt nach § 15 StGB für die Strafbarkeit des vorsätzlichen und des fahrlässigen (§ 324 Abs.3 StGB) Handelns; bei Fahrlässigkeit ist der Strafrahmen niedriger (bis 3 Jahre Freiheitsstrafe oder Geldstrafe).

2.3.1.2 § 324a StGB (Bodenverunreinigung)

Die Vorschrift kam erst 1994 durch das 2. UKG in das StGB. Eine ähnliche Vorschrift gab es seit 1990 durch den weiterhin gültigen § 191a des Strafgesetzbuchs der DDR; siehe dazu *Kapitel 2.2.3*. Tatobjekt ist der Boden, d.h. die oberste Schicht der Erdkruste, soweit sie Träger bestimmter Bodenfunktionen ist (z.B.: Lebensgrundlage und Lebensraum für Menschen, Tiere, Pflanzen und Bodenorganismen), einschließlich der flüssigen (Bodenlösung) und gasförmigen

(Bodenluft) Bodenbestandteile, jedoch ohne Grundwasser und Gewässerbetten (vgl. L/K 2011: § 324a Rdnr.2). Diese Definition entspricht der Regelung des § 2 Abs.1 BBodSchG; eine Legaldefinition in § 330d StGB gibt es dazu nicht. Tatmittel sind „Stoffe", wie sie auch in § 224 Abs.1 Nr.1 StGB genannt werden. Nach dem Willen des Gesetzgebers soll dieser Begriff weit ausgelegt werden. „Stoffe" können daher alle körperlichen Gegenstände (egal welchen Aggregatzustandes) sein. Auch alle organischen und anorganischen Substanzen fallen unter den Begriff, egal ob sie chemisch, chemisch-physikalisch, mechanisch, thermisch oder in sonstiger Weise wirken. Strahlen werden von dem Begriff nicht erfasst (vgl. Sack 2012: A 1.16a Rdnr.9). Auf eine Abgrenzung zum Begriff „Gift" kommt es – anders als in § 224 Abs.1 Nr.1 StGB – nicht an. Als Tathandlungen kommen in Frage (vgl. Sack 2012: A 1.16a Rdnr.10 ff.):

1. das Einbringen von Stoffen, d.h. der finale Stoffeintrag (incl. Einleiten)
2. das Eindringen lassen, also das Nichtverhindern (durch Nichthandeln), dass der Boden durch Stoffe verunreinigt wird; hierfür ist eine sog. „Garantenstellung" notwendig
3. das Freisetzen, d.h. das Schaffen einer Lage, in der sich der Stoff ganz oder teilweise unkontrollierbar in der Umwelt ausbreiten kann

Strafbar ist das Verhalten aber nur dann, wenn es „unter Verletzung verwaltungsrechtlicher Pflichten" geschehen ist. § 330d Nr.4 StGB beschreibt, was eine solche „verwaltungsrechtliche Pflicht" sein kann. Der Boden muss „verunreinigt" oder „sonst nachteilig verändert" werden; die Ausführungen zu § 324 StGB gelten hier entsprechend. Die o.g. Tathandlung muss kausal für die Bodenverunreinigung sein („und diesen dadurch"). Einschränkend wird zudem verlangt, dass die Verunreinigung eine besondere Qualität bzw. Intensität besitzt. Damit soll sichergestellt werden, dass nicht bereits unbedeutende Eingriffe in den Boden mit Strafe bedroht sind (vgl. L/K 2011: § 324a Rdnr.3). Nach § 324 Abs.1 Nr.1 StGB muss der Eingriff zur Schädigung bestimmter Objekte geeignet sein. Es wird hier weder ein Schadenseintritt verlangt, noch eine konkrete Gefährdung vorausgesetzt. Maßgeblich sind dafür nur die Dauer und die Intensität der Immission, sowie eine gesicherte naturwissenschaftliche Erfahrung bzgl. der Schädigungstauglichkeit (vgl. L/K 2011: § 325 Rdnr.13). Mittelbare Schädigungen (z.B. im Rahmen einer Nahrungskette) reichen ebenfalls aus. Fälle der Grundwassergefährdung ohne nachhaltige Bodenbeeinträchtigung werden durch § 324a Abs.1 Nr.1 (und nicht durch § 324 Abs.1) StGB erfasst. „Sachen von bedeutendem Wert" können ökonomisch, aber auch ökologisch wertvoll sein (vgl.

L/K 2011: § 324a Rdnr.4). Die Variante des § 324a Abs.1 Nr.2 StGB hat nur geringe Bedeutung, denn: „Eine Verunreinigung.in bedeutendem Umfang ist begrifflich so diffus, dass sie bislang keinerlei Bedeutung hatte, weil es nicht möglich war, diese Tatbestandsvariante in der Naturwissenschaft hinlänglich präzise zu beschreiben." (Joecks 2007: § 324a Rdnr.7) Bezüglich Strafrahmen, Versuchsstrafbarkeit und fahrlässiger Begehung entspricht § 324a StGB exakt der Vorschrift des § 324 StGB; hier gilt also das oben Gesagte entsprechend.

2.3.1.3 § 325 StGB (Luftverunreinigung)

Die Vorschrift des § 325 StGB sanktioniert die Verunreinigung der Luft beim Betrieb einer Anlage; Kraftfahrzeuge, Schienen-, Luft- oder Wasserfahrzeuge sind davon aber explizit (§ 325 Abs.7 StGB) ausgenommen. Unter den Begriff der „Anlage" fällt jede Einrichtung von nicht ganz unerheblichen Ausmaßen, die auf eine gewisse Dauer vorgesehen und als Funktionseinheit organisiert ist; sie kann der Verwirklichung beliebiger Zwecke dienen und ortsfest oder beweglich sein. Auch sonst gibt es keine einschränkenden Merkmale, was den Begriff sehr weit ausfallen lässt. Zum Betrieb einer Anlage zählen alle Handlungen, die zum tatsächlichen In-Funktion-Setzen oder In-Funktion-Halten beitragen; insofern entspricht dies § 4 BImSchG (vgl. L/K 2011: § 325 Rdnr.2). Nach § 325 Abs.1 StGB muss der Betrieb der Anlage Veränderungen der Luft verursachen, egal auf welche Weise. Zur notwendigen Schädigungseignung darf auf die Ausführungen zu § 324 Abs.1 Nr.1 StGB verwiesen werden. Der Schutzbereich des § 325 StGB erstreckt sich nur auf den Bereich außerhalb der Anlage, d.h. es müssen die Nachbarschaft oder die Allgemeinheit betroffen sein. Für den Bereich innerhalb der Anlage gelten allgemeine Straftatbestände (wie die §§ 222, 229 StGB) oder das Arbeitsschutzrecht (vgl. L/K 2011: § 325 Rdnr.3). § 325 Abs.1 StGB ist als Vergehen ausgestaltet; der Strafrahmen beträgt Freiheitsstrafe bis zu 5 Jahren oder Geldstrafe. Gemäß § 325 Abs.1 Satz 2 StGB ist der Versuch strafbar; § 325 Abs.4 StGB stellt auch das fahrlässige Begehen unter Strafe.

In § 325 Abs.2 und 3 StGB ist die Versuchsstrafbarkeit nicht genannt. Da es sich um ein Vergehen i.S.d. § 12 Abs.2 StGB handelt, ist also nur die Vollendung strafbar. Strafbare Handlung ist die Freisetzung von Schadstoffen (§ 325 Abs.6 StGB) in die Luft; auch hier wird wieder nur der Bereich außerhalb des Betriebsgeländes erfasst. Die Freisetzung der Schadstoffe muss „in bedeutendem Umfang" passieren. Nicht nur die Quantität ist dafür maßgeblich, sondern auch die Intensität und die Dauer der Beeinträchtigung, sowie der Aufwand zu deren Beseitigung (vgl. L/K 2011: § 324a Rdnr.5). Die Verletzung der verwaltungsrechtlichen Pflichten muss hier „grob" erfolgt sein. Dies erfordert ein nach dem Ausmaß der Gefährlichkeit oder dem Grad der Pflichtwidrigkeit besonders schwerwiegendes Verhalten, sowohl in Form eine aktiven Tuns als auch eines Unterlassens (vgl. L/K 2011: § 325 Rdnr.11). Fahrlässiges Handeln ist nach Abs.4 strafbar; leichtfertiges Handeln nach Abs. 5.

2.3.1.4 § 325a StGB (Verursachen von Lärm, Erschütterungen und nichtionisierenden Strahlen)

Die Vorschrift des § 325a StGB stellt die Verursachung von unangemessenem Lärm unter Strafe, der beim Betrieb einer Anlage entsteht. Kraftfahrzeuge, Schienen-, Luft- oder Wasserfahrzeuge sind hiervon wiederum ausgenommen (§ 325a Abs.4 StGB), ebenso rein menschliche Lärmverursachungen, wie Rufen, Schreien oder Singen (vgl. Sack 2012: A 1.17a Rdnr.132). Die Handlung muss auch „unter Verletzung verwaltungsrechtlicher Pflichten" i.S.d. § 330d Nr.4 StGB erfolgen. Nach Abs.1 muss Lärm verursacht werden, der zur Schädigung der Gesundheit Anderer geeignet ist. Der Begriff „Lärm" bezeichnet Geräusche (also hörbare, durch Schallwellen verbreitete Einwirkungen), die geeignet sind, einen normal hörempfindlichen Menschen (durch die Lautstärke oder auch durch den Lästigkeitswert) zu belästigen (vgl. Sack 2012: A 1.17a Rdnr.24). Zur Schädigungseignung gelten grds. die Ausführungen zu § 324 Abs.1 Nr.1 StGB entsprechend. Konkret kommt hier z.B. ein Dauerschallpegel von 80 Dezibel (dB[A]) oder mehr in Frage, auf den sich die Krankheit der Lärmschwerhörigkeit zurückführen lässt. Auch Einzeleinwirkungen mit einem Einzel- oder Gesamtschallpegel von 100 Dezibel (dB[A]) oder mehr können für andere physiologische Schädigungen ursächlich sein; ausreichend ist auch die Eignung der Geräusche zur Herbeiführung dauerhaften Schlafentzugs (vgl. L/K 2011: § 325a Rdnr.5). Der Strafrahmen beträgt Freiheitsstrafe bis zu 3 Jahren oder Geldstrafe; es handelt sich also um ein Vergehen. Der Versuch ist nicht strafbar. Fahrlässige Begehung ist gem. § 325a Abs.3 Nr.1 StGB unter Strafe gestellt (Freiheitsstrafe bis zu 2 Jahren oder Geldstrafe).

In Abs.2 muss also Folge einer (nicht näher umschriebenen) Tathandlung eine konkrete Gefahr für die Gesundheit eines anderen, für fremde oder wildlebende Tier oder für fremde (nicht herrenlose) Sachen von bedeutendem Wert sein. Die

Handlung muss dann in eine kritische Situation geführt haben, d.h. sie muss die Möglichkeit eines Schadens so gesteigert haben, dass dessen Eintritt als wahrscheinlich gelten kann (vgl. L/K 2011: § 315c Rdnr.22). Der Täter muss verwaltungsrechtliche Pflichten verletzt haben, die dem Schutz vor Lärm, Erschütterung oder nichtionisierender Strahlen dienen. Neben Vorschriften des BImSchG (§§ 1, 4, 5 Abs.1 Nr.1) kommen auch solche aus der Gewerbeordnung (GewO) oder aus dem Chemikaliengesetz (ChemG) in Betracht.

2.3.1.5 § 326 StGB (Unerlaubter Umgang mit Abfällen)

Zweck dieser Vorschrift ist die Verhinderung unzulässiger Abfallbeseitigung. Im Kern geht es um das unbefugte Behandeln, Lagern, Ablagern, Ablassen oder sonstige Beseitigen von Abfällen, wobei das StGB selber den Begriff „Abfall" nicht definiert. Notwendigerweise wird daher auf die Definition aus dem § 3 des KrW-/AbfG zurückgegriffen. Man unterscheidet dort zwischen dem gewillkürten Abfall (bewegliche Sachen, die für den Benutzer wertlos sind und derer er sich deshalb entledigen will, ohne die Sachen unmittelbar einer Weiterverwendung oder Weiterverarbeitung zuzuführen) und Zwangsabfall. Als Zwangsabfall werden bewegliche Sachen bezeichnet, die für den Besitzer gegenwärtig keinen Gebrauchswert haben und deren geordnete Entsorgung zur Wahrung des Wohls der Allgemeinheit, insbesondere zum Schutz der Umwelt, geboten ist. Auf den Aggregatzustand der Stoffe kommt es nicht an (vgl. Joecks 2007: § 327 Rdnr.2). In Abs.1 müssen die bezeichneten Abfälle einen bestimmten Grad an Gefährlichkeit aufweisen, wie in den dortigen Nr. 1-4 beschrieben. Unter „Gift" i.S.d. Nr.1 versteht man jeden organischen oder anorganischen Stoff, der unter bestimmten Bedingungen durch chemische oder chemisch-physikalische Wirkung die Gesundheit zu schädigen geeignet ist (vgl. L/K 2011: § 224 Rdnr.1a); z.T. wird auch verlangt, dass der Stoff geeignet ist, die Gesundheit zu zerstören (vgl. L/K 2011: § 326 Rdnr.4). Die in § 326 Abs.1 Nr.4a StGB genannte Eignung, ein Gewässer zu verunreinigen oder sonst nachteilig zu verändern, entspricht der Formulierung in § 324 Abs.1 StGB. Unter „nachhaltig" versteht die Rechtsprechung (L/K 2011: § 326 Rdnr.6) „in erheblichem Umfang" und „für längere Dauer". Es handelt sich um ein Vergehen mit einem Strafrahmen von bis zu 5 Jahren Freiheitsstrafe oder Geldstrafe bei Vorsatz, bei Fahrlässigkeit ist die Strafe Freiheitsstrafe bis zu 3 Jahren oder Geldstrafe (§ 326 Abs.5 Nr.1 StGB). Gemäß Abs.4 ist der Versuch strafbar

Abs.2 des § 326 StGB stellt den sog. „Abfalltourismus" unter Strafe. Verboten ist die illegale Einfuhr nach Deutschland, die Ausfuhr aus Deutschland und der Transport durch Deutschland hindurch. Strafrahmen und Versuchsstrafbarkeit sowie die Fahrlässigkeitsbegehung entsprechen den Regelungen des Abs.1.

Abs.3 stellt den – vermutlich eher seltenen – Fall der Nichtablieferung radioaktiver Abfälle (unter Verletzung der verwaltungsrechtlichen Pflichten aus §§ 5 Abs.3 und 9a Abs.2 AtG) unter Strafe. Versuchsstrafbarkeit kommt hier logischerweise nicht in Betracht. Der Strafrahmen ist Freiheitsstrafe bis zu 3 Jahren oder Geldstrafe bei Vorsatz, sowie bis zu 1 Jahr oder Geldstrafe bei Fahrlässigkeit (§ 326 Abs.5 Nr.2 StGB).

§ 326 Abs.6 StGB beinhaltet die sog. „Minima-Klausel", nach der die Tat dann nicht strafbar ist wenn schädliche Umwelteinwirkungen offensichtlich ausgeschlossen sind. Es handelt sich um einen objektiv wirkenden Strafausschließungsgrund, d.h. dies geschieht unabhängig von der Vorstellung des Täters. Nach dem klaren Wortlaut muss dieser offensichtliche Ausschluss der Schädlichkeit auf die geringe **Menge** an Abfällen zurückzuführen sein, obgleich sich die Ungefährlichkeit auch aus anderen gleichwertigen Gründen ergeben kann. In Anbetracht der gewollten Begrenzung scheidet eine (im übrigen grundsätzlich zulässige, da für den Täter ja nur vorteilhafte) Ausdehnung des Anwendungsbereichs durch Analogie aus (vgl. L/K 2011: § 326 Rdnr.12). Weiteres Problem: „Es lassen sich keine absoluten Maßstäbe aufstellen, da bei jedem Stoff andere Mengen relevant sein können. Ohne Sachverständigengutachten ist eine Feststellung kaum möglich... ." (Sack 2012: A 1.17 Rdnr.336) „Nur dann, wenn offensichtlich ist und damit positiv feststeht, dass schädliche Umwelteinwirkungen nicht entstehen, macht sich der Täter nicht strafbar (amtl. Begründung ...). Die Klausel ist restriktiv zu handhaben. Es sind kaum Fälle denkbar, in denen bei Tathandlungen i.S. des § 326 schädliche Umwelteinwirkungen „offensichtlich ausgeschlossen" sind. Vielfach zeigen sich die Wirkungen eines Schadstoffs erst lange Zeit nach der Tathandlung, genetische Schäden möglicherweise erst bei späteren Generationen. Bei geringsten Zweifeln bleibt die Strafbarkeit bestehen, wobei Zweifel zu Lasten des Täters gehen... ." (Sack 2012: A 1.18 Rdnr.337) Im 18. StrÄndG war die „Minima-Klausel" (auch „Bagatellklausel" genannt) bereits etabliert, vormals allerdings als Abs.5 des § 326 StGB. Die Vorschrift wurde bereits damals sehr kritisch gesehen: „Absatz 5 ist insgesamt mißglückt. Er hat lediglich eine den Tatbestand des § 326 belastende Funktion und wäre deshalb besser ersatzlos gestrichen worden." (Triffterer 1980: 214) Diese kritische Haltung hat sich bis heute fortgesetzt (vgl. Sack 2012: A 1.18 Rdnr.334); über die Anwendung in der Praxis gibt es aber keine Aussagen.

2.3.1.6 § 327 StGB (Unerlaubtes Betreiben von Anlagen)

Die Absätze 1 und 2 des § 327 StGB regeln sehr unterschiedliche Sachverhalte: „Abs.1 betrifft den Betrieb kerntechnischer Anlagen. Abs.2 Nr.3, Abs.3 Nr.2 stellen den vorsätzlichen oder fahrlässigen Betrieb einer Abfallbeseitigungsanlage ohne Planfeststellung oder Genehmigung unter Strafe." (Joecks 2007: § 328) Wurde der Betrieb einer (nach dem BImSchG) genehmigungsbedürftigen Anlage zum Schutz vor Gefahren untersagt, so macht sich der Betreiber gem. Abs.2 Nr.1 der Vorschrift strafbar, sofern dies gegen das Verwaltungsrecht verstößt. Die in Abs.2 Nr.2 genannte Rohrleitungsanlage bezieht sich auf § 20 des UVPG. In den Fällen des Abs.1 beträgt der Strafrahmen Freiheitsstrafe bis zu 5 Jahren oder Geldstrafe (bei Vorsatz) und Freiheitsstrafe bis zu 3 Jahren oder Geldstrafe (bei Fahrlässigkeit). In den Fällen des Abs.2 sind die Strafrahmen geringer (bis zu 3 Jahren oder Geldstrafe bzw. bis zu 2 Jahren oder Geldstrafe). Der Versuch ist nicht unter Strafe gestellt. Die Tat ist (nach der h.M.) als echtes Sonderdelikt ausgestaltet; damit sind auch die Regelungen des § 14 Abs.1 StGB zu beachten (vgl. L/K 2011: § 327 Rdnr.6a).

2.3.1.7 § 328 StGB (Unerlaubter Umgang mit radioaktiven Stoffen und anderen gefährlichen Stoffen und Gütern)

Die Vorschrift stellt in Abs.1 und 2 den unerlaubten Umgang mit radioaktiven Stoffen unter Strafe; die Gefährlichkeit dieser Handlung braucht nicht bewiesen zu werden. In Abs.3 wendet sich die Vorschrift gegen den unerlaubten Umgang mit gefährlichen Stoffen und Gütern; die Handlung muss hier jedoch ursächlich sein für die Gefährdung der Gesundheit fremder Menschen, fremder Tiere oder fremder Sachen von bedeutendem Wert. Abs.3 Nr.2 stellt die verschiedenen Teilhandlungen der Beförderung von gefährlichen Stoffen unter Strafe; es wird daher auch als „Transportstrafrecht" bezeichnet (vgl. L/K 2011: § 328 Rdnr.4). Der Versuch und die Fahrlässigkeit sind unter Strafe gestellt (Abs.4 und 5) mit Ausnahme der Handlung in Abs.2 Nr.4 (siehe Abs.6 der Vorschrift). Diese Ausnahme betrifft den Fall, dass jemand einen anderen dazu verleitet, eine nukleare Explosion zu verursachen oder die Verursachung einer solchen Explosion fördert. Weder der Versuch noch die fahrlässige Begehung dieser Handlung sind also strafbar, da es sich hierbei um Anstiftungs- bzw. Beihilfehandlungen handelt (vgl. Sack 2012: A 1.20 Rdnr.120a). Der Strafrahmen beträgt (bei Vorsatzdelikten) Freiheitsstrafe bis zu 5 Jahren oder Geldstrafe bzw. (bei Fahrlässigkeitsdelikten) Freiheitsstrafe bis zu 3 Jahren oder Geldstrafe.

2.3.1.8 § 329 StGB (Gefährdung schutzbedürftiger Gebiete)

„Die Vorschrift dient dem Schutz von Gebieten, die durch schädliche Umwelteinwirkungen in besonderem Maße beeinträchtigt werden könnten... Die Tat ist abstraktes Gefährdungsdelikt; auf eine Umweltgefährdung oder -beschädigung kommt es nicht an. Auch hier ist wieder die Anknüpfung an verwaltungsrechtliche Vorgaben typisch." (Joecks 2007: § 329) Abs.1 bezieht sich auf Rechtsverordnungen auf der Grundlage von § 49 Abs.1 und 2 BImSchG. Die in Abs.2 genannten Wasserschutzgebiete bestimmen sich nach § 51 WHG; Heilquellenschutzgebiete bestimmen sich nach Landesrecht. Die in Abs.3 genannten Gebiete (z.B. Naturschutzgebiet, Nationalpark) bestimmen sich nach den §§ 22-24 BNatSchG. Tathandlung ist in den Abs.1 und 2 jeweils das Betreiben einer Anlage. Der Strafrahmen beträgt hier Freiheitsstrafe bis zu 3 Jahren oder Geldstrafe (bei Vorsatz) bzw. Freiheitsstrafe bis zu 2 Jahren oder Geldstrafe bei Fahrlässigkeit (Abs.4 Nr.1). Die Tathandlungen des Abs.3 sind abschließend in den dortigen Nr. 1-8 aufgezählt. Die Handlung muss auch ursächlich sein für eine „nicht unerhebliche Beeinträchtigung des jeweiligen Schutzzwecks". Der Schutzzweck (i.S.v. § 22 Abs.2 BNatSchG) wird durch die Schutzanordnungen der Länder präzisiert. Nach dem Willen des Gesetzgebers darf die Beeinträchtigung „... nicht nur eine vorübergehende Störung sein, sondern muss eine gewisse Intensität aufweisen, die das Eintreten konkreter Gefahren für die in der Schutzanordnung näher bestimmten Güter wahrscheinlich macht..." (L/K 2011: § 329 Rdnr.8) Der Strafrahmen ist höher ausgestaltet, als in den Fällen der Abs.1 und 2: Freiheitsstrafe bis zu 5 Jahren oder Geldstrafe bei Vorsatz, Freiheitsstrafe bis zu 3 Jahren oder Geldstrafe bei Fahrlässigkeit.

2.3.1.9 § 330 StGB (Besonders schwerer Fall einer Umweltstraftat)

Alle in den §§ 324-329 StGB genannten Delikte können auch als „besonders schwerer Fall" nach § 330 StGB verwirklicht sein. Die Tathandlung selber muss dabei vorsätzlich begangen worden sein, für die Folgen aus der Handlung (z.B.

die Verursachung des Todes eines anderen Menschen nach Abs.2 Nr.2) genügt aber bereits Fahrlässigkeit (§ 18 StGB).

Der Abs.1 (Satz 2) nennt 4 sogenannte Regelbeispiele („liegt in der Regel vor"), d.h.: „Bei einer Gesamtwürdigung (Abwägung aller Zumessungstatsachen) muss sich der Fall, d.h. das gesamte Tatbild einschließlich der Täterpersönlichkeit, vom Durchschnitt der erfahrungsgemäß gewöhnlich vorkommenden Fälle der Grundtatbestände soweit abheben, dass die Anwendung des Ausnahmestrafrahmens geboten erscheint... Die Aufzählung Nr. 1-4 ist nicht abschließend; sie enthält die wichtigsten Regelbeispiele. Ist eines der genannten Beispiele gegeben, besteht eine widerlegbare Vermutung dafür, dass ein besonders schwerer Fall vorliegt..." (Sack 2012: A 1.22 Rdnr.43) Das bedeutet: „Sie zwingen den Richter nicht zur Annahme eines besonders schweren Falles, hindern ihn aber auch nicht... Vielmehr soll die Gesamtheit der Regelbeispiele nur einen konkreten Hinweis geben, welchen ungefähren Schweregrad das Gesetz für die Strafrahmenverschiebung zugrundelegt. Außerdem bedarf, wenn die Voraussetzungen eines Regelbeispiels erfüllt sind, die Annahme eines besonders schweren Falls idR keiner näheren Begründung..." (L/K 2011: § 46 Rdnr.11). Bekanntester Vertreter der Regelbeispiele sind die in § 243 Abs.1 Satz 2 StGB genannten Fälle des „besonders schweren Diebstahls". Der Strafrahmen des § 330 StGB beträgt Freiheitsstrafe von 6 Monaten bis zu 10 Jahren; es handelt sich bei § 330 Abs.1 StGB also noch um ein Vergehen i.S.v. § 12 Abs.2 StGB. Zwei der hier aufgeführten Regelbeispiele sollen noch etwas näher betrachtet werden:

1.) § 330 Abs.1 Satz 2 Nr.1 Alt.1 StGB: danach muss der Täter ein Gewässer derart beeinträchtigt haben, dass diese Beeinträchtigung entweder gar nicht, nur mit außerordentlichem Aufwand oder erst nach längerer Zeit beseitigt werden kann. „Der Begriff „außerordentlicher Aufwand" ist sehr unbestimmt... Es muss sich um einen weit über dem Durchschnitt vergleichbarer Fälle liegenden Aufwand handeln (finanzieller oder arbeitsmäßiger Aufwand...)." (Sack 2012: A 1.22 Rdnr.49) Fraglich ist auch, was mit „erst nach längerer Zeit" gemeint ist. Dies wird kaum exakt zu messen sein. Ganz allgemein kommt es darauf an, ob die Beeinträchtigung reversibel, nur schwer reversibel oder gar irreversibel ist. Als Beispiele dazu werden genannt (Sack 2012: A 1.22 Rdnr.49): „Die Tathandlung hat dazu geführt, dass bestimmte Pflanzen und Tiere, die für das Gefüge bisher von Bedeutung gewesen sind, in einem bestimmten Gebiet nicht mehr vorkommen, wodurch ein biologisches Gleichgewicht des Naturhaushalts auf geringerem Niveau entsteht... Weitere Beispiele ...: Biotopzerstörung, Erosion als

Folge von Überweidung oder Abholzen, starke Bestandsrückgänge bei übermäßiger Bejagung." Ebenfalls als Tathandlungen kommen in Betracht: „Vergiftungen mit peristenten, ökosystemfremden Stoffen oder unnatürlich hoher Anreicherung von Naturstoffen (z.B. Blei, Cadmium); Biotopzerstörung als Vernichtung ganzer Ökosysteme oder wesentlicher Bestandteile davon (der Eingriff lässt keine selbständige Wiederholung und Reorganisation innerhalb vertretbarer Zeiträume – bis zu drei Jahren – mehr zu...); übermäßige Zufuhr von Fremdenergie (Eutrophierung); ... und andere schwere Störungen, die z.B. die Populationsgröße empfindlicher Arten vermindern. Fälle, in denen Gewässer oder der Boden derartig beeinträchtigt werden, dass diese auf längere Zeit nicht mehr wie bisher oder wie geplant genutzt werden können ..., können den Regelbeispielen u.U. gleichstehen." (Sack 2012: A 1.22 Rdnr.51 f.)

2.) § 330 Abs.1 Satz 2 Nr.2 StGB: zur Erfüllung dieses Regelbeispiels muss die öffentliche Wasserversorgung, d.h. „... die ständige Versorgung mit Trink- und Brauchwasser für jedermann in einem bestimmten Versorgungsgebiet..." (Sack 2012: A 1.22 Rdnr.60 m.w.N.) gefährdet sein. Die private oder betriebliche Eigenversorgung mit Trinkwasser fällt hier nicht darunter; diese wird aber durch § 314 StGB geschützt. Der BGH hat in einer Entscheidung (NStZ 1991: 490) dazu ausgeführt, dass eine konkrete Gefährdung der öffentlichen Wasserversorgung erst dann zu bejahen sei, wenn durch die Sperrung eines Brunnens infolge der Umweltstraftat einwandfreies Trinkwasser nicht mehr in ausreichender Menge zur Verfügung gestanden hat.

Wird durch eine vorsätzliche Tat nach den §§ 324-329 StGB der Tod eines anderen Menschen verursacht (Abs.2 Nr.2), so liegt ein Verbrechen vor, mit einer Freiheitsstrafe von mindestens 3 Jahren. Die Versuchsstrafbarkeit ergibt sich automatisch aus § 23 Abs.1 i.V.m. § 12 Abs.1 StGB. Eine Freiheitsstrafe von 1-10 Jahren (und damit ebenfalls ein Verbrechen i.S.v. § 12 Abs.1 StGB) droht, wenn der Täter durch seine vorsätzliche Umweltstraftat einen anderen Menschen in Todesgefahr oder in die Gefahr einer schweren Gesundheitsschädigung bringt; alternativ muss eine „große Zahl" (wohl wenigstens 20 Personen, vgl. Sack 2012: A 1.22 Rdnr.78 m.w.N.) von Menschen in die Gefahr einer Gesundheitsbeschädigung gebracht werden. Für beide Fälle des Abs.2 sieht der Abs.3 einen niedrigeren Strafrahmen vor, wenn ein „minder schwerer Fall" vorliegt. Hier gelten die allgemeinen Regeln der Strafzumessung aus § 46 StGB.

2.3.1.10 § 330a StGB (Schwere Gefährdung durch Freisetzen von Giften)

In § 330a StGB werden verschiedene Szenarien des Verbreitens oder Freisetzens von Giften behandelt. Die Strafrahmen innerhalb dieser Vorschrift variieren erheblich; in den Fällen des Abs.1, 2 und 3 (2. Alternative) handelt es sich um ein Verbrechen. Die genannten Stoffe müssen entweder Gifte enthalten oder Gifte hervorbringen können. Die h.M. definiert den Begriff „Gift" wie folgt: „Alle (organischen und anorganischen) Stoffe, die geeignet sind, unter bestimmten Bedingungen durch chemische oder chemisch-physikalische Wirkung nach ihrer Beschaffenheit und Menge Leben oder Gesundheit zu zerstören..." (Sack 2012: A 1.23 Rdnr.10) „Stoffe bringen Gifte hervor, wenn erst durch den Kontakt mit den Umweltmedien auf Grund chemischer Reaktion Gift entsteht... Bei Asbest ist dies nicht der Fall..." (Joecks 2007: § 330a Rdnr.1 m.w.N.) Eine behördliche Erlaubnis scheidet als Rechtfertigungsgrund aus, „... weil die vorausgesetzte schwere Gefährdung nicht erlaubnisfähig ist und daher auch nicht durch die Erlaubnis zur Verursachung von Immissionen gedeckt werden kann..." (L/K 2011: § 330a Rdnr.7 m.w.N.)

2.3.1.11 § 330b StGB (Tätige Reue)

Für bestimmte Fälle der §§ 325a, 326, 328 und 330a StGB sieht das Gesetz die Möglichkeit vor, die Strafe zu mildern oder ganz von der Strafe abzusehen. Voraussetzung ist dafür, dass der Täter freiwillig die Gefahr abwendet oder den von ihm verursachten Zustand beseitigt, bevor ein erheblicher Schaden entsteht. Es handelt sich um einen Sonderfall des Rücktritts vom beendigten Versuch (vgl. L/K 2011: § 24 Rdnr.19), der auch in den §§ 314a und 320 StGB verankert ist. Eine Bestrafung nach anderen Vorschriften (wie z.B. nach § 229 StGB) wird dadurch aber nicht ausgeschlossen (vgl. L/K 2011: § 330b Rdnr.3).

2.3.1.12 § 330c StGB (Einziehung)

§ 330c StGB stellt eine Erweiterung der Grundregel aus § 74 Abs.1 StGB dar, ist also ein Fall des § 74 Abs.4 StGB. Die Vorschrift gehört damit zum dritten Abschnitt des Allgemeinen Teils des StGB („Rechtsfolgen der Tat").

2.3.1.13 § 330d StGB (Begriffsbestimmungen)

Die Vorschrift legaldefiniert 5 Begriffe, nämlich „Gewässer", „kerntechnische Anlage", „gefährliches Gut", „verwaltungsrechtliche Pflicht" und „Handeln ohne Genehmigung, Planfeststellung oder sonstige Zulassung". Diese Definitionen gelten nur für „diesen Abschnitt" des StGB, mithin also für die §§ 324 ff. StGB.

2.3.2 Weitere Strafvorschriften im Strafgesetzbuch

Neben den eben behandelten Vorschriften im 29. Abschnitt des Besonderen Teils des StGB (§§ 324-330d) finden sich im StGB noch weitere Straftatbestände, die einen Umweltbezug aufweisen. Genannt seien hier die Paragrafen
- 304 (Gemeinschädliche Sachbeschädigung)
- 306f (Herbeiführen einer Brandgefahr)
- 307 (Herbeiführen einer Explosion durch Kernenergie)
- 309 (Missbrauch ionisierender Strahlen)
- 310 (Vorbereitung eines Explosions- oder Strahlungsverbrechens)
- 311 (Freisetzen ionisierender Strahlen)
- 312 (Fehlerhafte Herstellung einer kerntechnischen Anlage)
- 313 (Herbeiführen einer Überschwemmung)
- 314 (Gemeingefährliche Vergiftung)
- 316b (Störung öffentlicher Betriebe)
- 318 (Beschädigung wichtiger Anlagen)

Auf zwei dieser Vorschriften soll nun kurz etwas näher eingegangen werden:

2.3.2.1 § 314 StGB (Gemeingefährliche Vergiftung)

Die Vorschrift des § 314 StGB besitzt zwei verschiedene Tatobjekte: in Abs.1 Nr.1 das Wasser und in Abs.1 Nr.2 die öffentlichen Vorkaufs- und Verbrauchsgegenstände. Im zweiten Fall geht es also um Lebensmittel, Textilien, Spielsachen, etc., die z.B. vor Vergiftung geschützt werden sollen. Das Wasser muss sich in gefassten Quellen, in Brunnen, Leitungen oder Trinkwasserspeichern befinden; es muss zudem zum öffentlichen oder privaten Gebrauch von Menschen bestimmt sein, also z.B. zum Trinken, Waschen oder Baden. Indirekter Gebrauch, wie das Tränken von Vieh, wird nicht erfasst. Auch die Ursprungsgewässer selber werden nicht erfasst; diese sind ja auch bereits durch § 324 StGB geschützt (vgl. Sack 2012: A 1.11 Rdnr.2). Das Wasser muss z.B. vergiftet werden; dies ist eine andere Formulierung als in den §§ 224 Abs.1 Nr.1 („Beibringung von Gift") oder 330a Abs.1 („Stoffe, die Gift enthalten") StGB. Alternativ können dem Wasser auch gesundheitsschädliche Stoffe beigemischt werden. Auf Einzelheiten dazu wird in *Kapitel 4.1.2* eingegangen. Die Tat ist als Verbrechen ausgestaltet; das Strafmaß beträgt Freiheitsstrafe von 1-10 Jahren. In § 314 Abs.2 StGB wird auf § 308 Abs.2-4 StGB verwiesen, z.B. für den Fall eines Todeseintritts.

2.3.2.2 § 318 StGB (Beschädigung wichtiger Anlagen)

Mit dieser Vorschrift werden u.a. auch die Wasserleitungen selber gegen Beschädigung und Zerstörung geschützt. Anders als in § 303 StGB (Sachbeschädigung) spielen die Eigentumsverhältnisse hier aber keine Rolle. Auch die Hauswasserleitung wird erfasst (vgl. L/K 2011: § 318 Rdnr.1). Die Tathandlung besteht im Beschädigen oder im Zerstören der Anlagen. Unter Beschädigen versteht man die nicht ganz unerhebliche Verletzung der Substanz, der äußeren Erscheinung oder der Form der Sache, wodurch deren Brauchbarkeit zu ihrem bestimmten Zweck beeinträchtigt wird. Das Zerstören ist eine Form der Beschädigung, die so weit geht, dass die Gebrauchsfähigkeit völlig aufgehoben ist (vgl. Sack 2012: A 1.2 Rdnr.6 m.w.N.). Als Folge der Tathandlung muss Leib oder Leben eines anderen Menschen gefährdet sein, d.h. die Handlung muss dazu geeignet sein, den Tod eines (anderen) Menschen herbeizuführen (vgl. Sack 2012: A 1.8 Rdnr.11). Der Grundtatbestand (Abs.1) ist ein Vergehen (Freiheitsstrafe von 3 Monaten bis zu 5 Jahren); nach Abs.2 ist der Versuch strafbar. Die Fahrlässigkeit ist in Abs.6 unter Strafe gestellt. Die Qualifikationstatbestände der Abs.3 und 4 sind als Verbrechen ausgestaltet; minder schwere Fälle der Abs.3 und 4 sind gemäß Abs.5 möglich und werden milder bestraft.

2.3.3 Nebenstrafrecht

Auch in anderen Gesetzen als dem StGB finden sich Vorschriften, die Geld- oder Freiheitsstrafen androhen. Da die Vorschriften ja aus Spezialgesetzen kommen, beziehen sie sich inhaltlich auf andere Vorschriften aus diesen Gesetzen. Schon aus diesem Grund wird hier auf eine ausführliche Darstellung verzichtet. Als Beispiele für Strafvorschriften aus dem Nebenstrafrecht seien genannt:
- Bundesnaturschutzgesetz (BNatSchG): § 71
- Chemikaliengesetz (ChemG): §§ 27 ff.

- Luftverkehrsgesetz (LuftVG): §§ 59, 60, 62
- Pflanzenschutzgesetz (PflSchG): § 69
- Strahlenschutzvorsorgegesetz (StrVG): § 13
- Tierschutzgesetz (TierSchG): § 17

2.3.4 Ordnungswidrigkeiten

Für geringfügige Gesetzesvergehen werden weder Freiheits- noch Geldstrafen verhängt, sondern sog. Geldbußen. Das Recht der Ordnungswidrigkeiten (kurz: OWis) ist in einem eigenen Gesetz geregelt, dem OWiG. Nach § 17 OWiG beträgt die Höhe der Geldbuße zwischen 5 und 1000 €, sofern das entsprechende Fachgesetz keinen anderen (höheren) Betrag vorsieht. Nachfolgend werden einige Ordnungswidrigkeitentatbestände genannt; in Klammern hinter der Vorschrift ist die dort angegebene maximale Bußgeldhöhe aufgeführt (T€ = Tausend Euro), ggf. mit mehreren Alternativen:

- Abfallverbringungsgesetz (AbfVerbrG): § 18 (100 € / 50 € / 20 T€)
- Atomgesetz (AtomG): § 46 (50 T€ / 500 €)
- Benzin-Blei-Gesetz (BzBlG): § 7 (25 T€)
- Bundesimmissionsschutzgesetz (BImSchG): § 62 (50 T€ / 10 T€)
- Bundesnaturschutzgesetz (BNatSchG): § 69 (50 T€ / 10 T€)
- Chemikaliengesetz (ChemG): § 26 (50 T€ / 10 T€)
- Kreislaufwirtschafts- und Abfallgesetz (KrW-/AbfG): § 61 (50 T€ / 10 T€)
- Luftverkehrsgesetz (LuftVG): § 58 (10 T€ / 25 T€ / 50 T€)
- Ordnungswidrigkeitengesetz (OWiG): § 117 (5 T€)
- Pflanzenschutzgesetz (PflSchG): § 68 (50 T€ / 10 T€)
- Wasch- und Reinigungsmittelgesetz (WRMG): § 15 (50 T€ / 10 T€)
- Wasserhaushaltsgesetz: § 103 (50 T€ / 10 T€)

Erfüllt eine Handlung gleichzeitig den Tatbestand einer Straftat und einer Ordnungswidrigkeit, so wird nur das Strafgesetz angewendet, § 21 Abs.1 Satz 1 OWiG.

2.4 Einflüsse des Europäischen Rechts

Das deutsche Umweltrecht wird in zunehmendem Maße durch das Recht der Europäischen Gemeinschaft (EG) geprägt und bestimmt. In den 1970er Jahren waren es zunächst sog. Aktionsprogramme, wie z.B. die „Erklärung des Rates der Europäischen Gemeinschaften und der im Rat vereinigten Vertreter der Regierungen der Mitgliedsstaaten vom 22.11.1973 über ein Aktionsprogramm der Europäischen Gemeinschaften für den Umweltschutz", in der die Ziele und Grundsätze einer Umweltpolitik in der Gemeinschaft festgelegt wurden (vgl. Krüger 1995: 25 m.w.N.). Seit den 1970er Jahren ist die EG zahlreichen multilateralen Umweltübereinkommen beigetreten; darüber hinaus „... hat die Union zum Schutz der Umwelt einige hundert Rechtsakte erlassen und sich um die Harmonisierung des Umweltrechts bemüht." (Ruhs 2011: 13) Mittlerweile wird das Umweltrecht insbesondere durch europäische Richtlinien dominiert. Strittig ist hierbei v.a., ob und wie weit das nationale Strafrecht durch das Unionsrecht beeinflusst werden darf. „Ausgangspunkt jeder Überlegung zur Europäisierung des Strafrechts ist die Feststellung, dass der Union keine Rechtssetzungskompetenz auf dem Gebiet des Kriminalstrafrechts zusteht. (...) Das Strafrecht gilt als wichtiger Kernbestand nationalstaatlicher Souveränität und nationaler Identität und ist Spiegel grundlegender sozialer, kultureller und politischer Wertentscheidungen. Gleichwohl verfügt das Unionsrecht über verschiedene Instrumente, um auf das nationale Strafrecht Einfluss zu nehmen." (Ruhs 2011: 13 f.) Zu nennen sind hier insbesondere vier Handlungen der Organe der Europäischen Union (vgl. Ruhs 2011: 14 f. m.w.N.):

1) In der Konvention zum Schutz der Umwelt vom 04.11.1998 wurden umweltstrafrechtliche Tatbestände formuliert, die von den beitretenden Staaten in nationales Recht umzusetzen sind. Die Ratifikation durch drei Mitgliedsstaaten ist notwendig, um die Konvention in Kraft zu setzen. Bislang hat lediglich Estland das Übereinkommen ratifiziert. Mit weiteren Ratifizierungen ist (nach mittlerweile fast 14 Jahren) nicht mehr zu rechnen; die Konvention ist damit praktisch bedeutungslos.

2) Nach Ansicht der Kommission reichten die (damals) bestehenden nationalen Sanktionsvorschriften nicht aus, um die Einhaltung des gemeinschaftlichen Umweltrechts zu gewährleisten. Die Kommission legte deshalb am 13.03.2001 einen Vorschlag für eine Richtlinie „über den strafrechtlichen Schutz der Umwelt" vor. Da die im Rat vertretenen Mitglieder befürchteten, dass durch die Verabschiedung einer Richtlinie mit kriminalstrafrechtlichen Anweisungen zu große Teile ihrer nationalen Souveränität verloren gingen, lehnte der Rat schließlich mit großer Mehrheit die Annahme der Richtlinie ab.

3) Knapp zwei Jahre später, am 27.01.2003, verabschiedete der Rat einen Rahmenbeschluss „über den Schutz der Umwelt durch das Strafrecht", der sich inhaltlich weitgehend an die unter 1) genannte Konvention anlehnte. Dieser Rahmenbeschluss trat am 06.02.2003 in Kraft. Die Artikel 6 und 7 des Rahmenbeschlusses legten dabei eine grundlegende Verantwortlichkeit von juristischen Personen fest und benannten auch mögliche Sanktionen. Mit Urteil vom 13.09.2005 (NVwZ 2005: 1289 ff.) hat die Große Kammer des EuGH den Rahmenbeschluss für nichtig erklärt, nachdem die Kommission eine entsprechende Klage eingereicht hatte. Der EuGH begründet diese Entscheidung im Wesentlichen damit, dass der Rahmenbeschluss gegen Art. 47 EU verstößt, da er in die nach Art. 175 EG der Gemeinschaft übertragenen Zuständigkeiten „übergreift"; da der Rahmenbeschluss auch nicht teilbar ist, betrifft die Nichtigkeit den ganzen Rahmenbeschluss (vgl. NVwZ 2005: 1291). Konkret hat der EuGH ausgeführt, „... dass das Strafrecht zwar ebenso wie das Strafprozessrecht grundsätzlich nicht in die Zuständigkeit der Gemeinschaft falle. Dies hindere den Gemeinschaftsgesetzgeber jedoch nicht daran, Maßnahmen in Bezug auf das Strafrecht der Mitgliedsstaaten zu ergreifen, die erforderlich seien, um die volle Wirksamkeit der von ihm zum Schutz der Umwelt erlassenen Rechtsnormen zu gewährleisten, wenn die Anwendung wirksamer, verhältnismäßiger und abschreckender Sanktionen durch die zuständigen nationalen Behörden eine zur Bekämpfung schwerer Beeinträchtigungen der Umwelt unerlässliche Maßnahme darstellt." (Ruhs 2011: 14 f.) Damit bekräftigt der EuGH zwar, dass das Strafrecht und das Strafprozessrecht weiterhin in die alleinige Kompetenz der einzelnen Mitgliedsstaaten fällt und somit einer Regelung durch eine europäische Richtlinie unzugänglich ist. Andererseits betont der EuGH aber auch die Wichtigkeit der Bekämpfung von Umweltdelikten. Man könnte hier auch (zwischen den Zeilen) eine Aufforderung an die Kommission erkennen, erneut eine Regelung zu erlassen, diesmal aber „auf andere Weise".

4) Die Kommission legte am 09.02.2007 einen neuen Vorschlag für eine „Richtlinie des Europäischen Parlaments und des Rates über den strafrechtlichen Schutz der Umwelt" vor, die (nach jahrelangen Kompetenzstreitigkeiten) am 19.11.2008 als Richtline 2008/99/EG in Kraft getreten ist. „Art. 8 enthält die Verpflichtung, die Richtlinie bis zum

26.12.2010 in nationales Recht umzusetzen. Der deutsche Gesetzgeber ist bemüht, dem nachzukommen, wobei die Umweltdelikte des deutschen Strafrechts den Harmonisierungsvorgaben der Richtlinie bereits weitgehend entsprechen." (Ruhs 2011: 15 m.w.N.) Am 06.12.2011 ist das 45. StrÄndG verabschiedet worden (BT-Drs. 17/5391) und überwiegend am 14.12.2011 in Kraft getreten. Die Änderungen und Auswirkungen sind aber eher marginaler Natur.

2.5 Fazit

Das Umweltstrafrecht ist in den letzten 30 Jahren nur wenig verändert worden. Europarechtliche Einflüsse werden auch in Zukunft eine große Rolle spielen.

3 Besonderheiten des Umweltstrafrechts

Die Vorschriften der §§ 324-330d des StGB sind – ebenso wie die Regelungen aus dem Nebenstrafrecht – ein Teilbereich des deutschen Strafrechts. Sonderregeln kennt das Gesetz für diese Materie nicht. In materieller Hinsicht gelten daher die Vorschriften des Allgemeinen Teils des StGB (§§ 1-79b), prozessuale Fragen werden zumeist durch die Strafprozeßordnung (StPO) beantwortet. Inhaltlich weist das Umweltstrafrecht aber eine Reihe von Besonderheiten auf, die in der praktischen Anwendung auch Probleme bereiten.

3.1 Die Verwaltungsakzessorietät

„Wie das Strafrecht generell, so ist auch das Umweltstrafrecht im Kontext der Gesamtrechtsordnung zu sehen. Dabei nimmt die Verzahnung der umweltstrafrechtlichen Normen mit dem Verwaltungsrecht eine Schlüsselfunktion für das Verständnis dieser Deliktsgruppe ein." (Bloy 1997: 584) Die im 29. Abschnitt des StGB beschriebenen Lebenssachverhalte werden originär in Gesetzen aus dem Besonderen Verwaltungsrecht geregelt, wie z.B. im BImSchG, im KrW-/AbfG oder im WHG.

Als Beispiel und zum besseren Verständnis soll nachfolgender kleiner *Exkurs* in das Wasserrecht dienen: Nach dem WHG (Auszüge aus dem Gesetz sind im *Anhang D* zu finden) braucht man für die Benutzung eines Gewässers eine Erlaubnis oder eine Bewilligung (§ 8 Abs.1 WHG). Als „Gewässer" gelten nach § 2 Abs.1 WHG oberirdische Gewässer (d.h. ständig oder zeitweilig in Betten fließende oder stehende oder aus Quellen wild abfließende Wasser, § 3 Nr.1 WHG), Küstengewässer (vgl. § 3 Nr.2 WHG) und das Grundwasser (vgl. § 3 Nr.3 WHG). Der Begriff der „Benutzung" ist in § 9 Abs.1 WHG näher beschrieben; nach dessen Nr.4 zählt auch das „Einbringen und Einleiten von Stoffen in Gewässer" als Benutzung. Die Unterscheidung zwischen „Erlaubnis" und „Bewilligung" (§ 10 Abs.1 WHG) ist eher formaljuristischer Natur und daher hier ohne Bedeutung. Die Erlaubnis bzw. die Bewilligung wird in einem normalen Verwaltungsverfahren gemäß den Vorschriften des VwVfG erteilt; die Zuständigkeit der entsprechenden Verwaltungsbehörde bestimmt sich nach dem jeweiligen Landesrecht (in Bayern sind dies die Kreisverwaltungsbehörden). Nach § 12 Abs.1 WHG gibt es Gründe, warum die Behörde die Erlaubnis / Bewilligung nicht erteilen darf („sind zu versagen"); in allen anderen Fällen steht die Erteilung bzw.

die Versagung im „pflichtgemäßen Ermessen" (vgl. § 40 VwVfG) der Behörde, § 12 Abs.2 WHG. Im Rahmen dieses sog. „Bewirtschaftungsermessens" stellt die Behörde alle Gründe für eine Genehmigung den Gründen für eine Ablehnung gegenüber, und trifft daraufhin eine Entscheidung. Eine Erlaubnis / Bewilligung kann auch – was häufig geschieht – mit Inhalts- und Nebenbestimmungen (wie z.B. Auflagen) versehen werden. Durch ein solches Verwaltungsverfahren kann also z.B. ein Unternehmen die Erlaubnis erhalten, eine bestimmte Art und Menge (pro Tag) eines Stoffes in einen Fluss einzubringen bzw. einzuleiten. In der Regel wird es sich dabei um Produktionsabwässer handeln. Es darf als sicher gelten, dass diese Maßnahme zu einer Verunreinigung oder einer nachteiligen Eigenschaftsveränderung des Gewässer (i.S.v. § 324 Abs.1 StGB) führt.

Dies führt zu folgender Konstellation: Nach dem Verwaltungsrecht (Wasserrecht) macht der Betreiber genau das, was er laut der Erlaubnis der Verwaltungsbehörde tun darf. Mit der gleichen Handlung verwirklicht der Betreiber aber auch Tatbestandsmerkmale des § 324 Abs.1 StGB. Die Frage, ob sich der Betreiber tatsächlich nach § 324 StGB (Gewässerverunreinigung) strafbar gemacht hat, hängt an dem Wort „unbefugt" im § 324 Abs.1 (2. Wort) StGB. In den anderen Vorschriften des Umweltstrafrechts finden sich ähnliche Formulierungen, wie „ohne die erforderliche Genehmigung" (z.B. §§ 326 Abs.2 und 327 Abs.1 StGB) oder „unter Verletzung verwaltungsrechtlicher Pflichten" (z.B. §§ 324a Abs.1, 325a Abs.2 StGB). Damit ist das Umweltstrafrecht „... stark vom Verwaltungsrecht abhängig. Diese Abhängigkeit wird allgemein als Verwaltungsakzessorietät bezeichnet." (Miller 2003: 41) Unter dem Begriff der „Akzessorietät" wird aus rechtswissenschaftlicher Sicht ganz allgemein die Abhängigkeit eines Nebenrechts von dem zugehörigen Hauptrecht verstanden (vgl. Rogall 1995: 300). In anderen Delikten des StGB gibt es eine solche Abhängigkeit nicht. Es gibt z.B. keine verwaltungsrechtliche Erlaubnis für einen Betrug (§ 263 StGB), eine Brandstiftung (§ 306 StGB) oder gar für ein Tötungsdelikt (§§ 211, 212 StGB). Unter besonderen Umständen kann die Handlung des Täters gerechtfertigt sein, etwa weil er in Notwehr (§ 32 StGB) gehandelt hat; dann würde er auch nicht bestraft werden. Denn strafbar macht sich nur, wer tatbestandsmäßig, rechtswidrig und schuldhaft handelt; fehlt bereits eines dieser Elemente, so entfällt auch die Strafbarkeit. Seit 1980 wird unter den Juristen kontrovers diskutiert, ob die o.g. Worte (wie „unbefugt") eher ein Element des Tatbestands sind (sog. Tatbestandsmerkmal) oder sich auf die Rechtswidrigkeit der Handlung beziehen (vgl. Triffterer 1980: 84 und L/K 2011: § 324 Rdnr.8). Von Bedeutung ist dies (nur) für die Konstellation der Anstiftung und der Beihilfe (§§ 26, 27 StGB). Bei einem Einzeltäter ist die Unterscheidung unerheblich. Grundgedanke der Verwaltungsakzessorietät ist die „... Überlegung, daß zur Vermeidung von Normwidersprüchen zwischen Verwaltungs- und Strafrecht nicht strafrechtlich sanktioniert werden kann, was verwaltungsrechtlich erlaubt ist." (Miller 2003: 41) Vom Gesetzgeber selber (vgl. BT-Drs. 12/376: 9) wird dies damit begründet, dass die „Einheit der Rechtsordnung" es erfordere.

3.1.1 Die Einheit der Rechtsordnung

Der Terminus „Einheit der Rechtsordnung" geht auf die gleichnamige Monographie des Heidelberger Rechtsgelehrten Karl ENGISCH aus dem Jahre 1935 zurück. Danach soll die Rechtsordnung zwei Dinge gewährleisten: Lückenlosigkeit und Widerspruchsfreiheit (vgl. Bräutigam-Ernst 2010: 331). Zwischen diesen beiden Zielen besteht aber auch gerade ein gewisser Konflikt. Eine (möglichst) lückenlose Rechtsordnung bedingt, dass tunlichst alle denkbaren Lebenssachverhalte in einem (wiederum möglichst allgemein gehaltenen) Gesetz geregelt werden. Dies kann auch zu einer (im Volksmund so bezeichneten) „Regelungswut" führen; das deutsche Steuerrecht mag dafür ein gutes Beispiel sein. Umso wahrscheinlicher wird dadurch aber auch, dass sich gesetzliche Regelungen widersprechen. Betrachtet man die Vielzahl von Gesetzen, die auf Landes-, auf Bundes- und v.a. auf europäischer Ebene in den letzten zwei Jahrzehnten neu erlassen, verändert oder nachgebessert wurden, so ist die Gewährleistung der Einheit der Rechtsordnung ein durchaus ambitioniertes Ziel. Denn schließlich ist „... - und das hat *Engisch* schon im Jahre 1935 festgestellt – die Dogmatik des Rechts der Keim von Widersprüchen." (Felix 1998: 5 m.w.N.) Gerade für das Strafrecht muss dieses Prinzip aber unbedingt beachtet werden. „Es wäre ein unerträglicher Wertungswiderspruch und würde auch der Subsidiarität des Strafrechts als des äußersten Mittels der Sozialpolitik widersprechen, wenn ein in irgendeinem Rechtsgebiet gestattetes Verhalten gleichwohl bestraft würde." (Roxin 2006: 613) Neben der Einheit der Rechtsordnung sprechen aber auch Praktikabilitätserwägungen für die Verwaltungsakzessorietät (vgl. Kim 2009: 69). Der Strafgesetzgeber und insbesondere die Strafgerichte müssten sonst in jedem Einzelfall darüber entscheiden, ob das – in der heutigen Industriegesellschaft schlichtweg nicht völlig vermeidbare – umweltschädigende Verhalten strafbar ist, oder eben (gerade) noch nicht.

3.1.2 Erscheinungsformen der Verwaltungsakzessorietät

Die Verwaltungsakzessorietät kommt in verschiedenen Formen vor. Drei Formen dominieren hierbei (vgl. Felix 1998: 19 f.), zwei weitere Formen (vgl. Heger 2009: 177) beziehen sich auf die Nummern 4b) und 4c) in § 330d StGB:

1. Die begriffliche Akzessorietät

Nicht alle in den §§ 324 ff. StGB verwendeten Begriffe sind auch vom Strafrecht selber definiert. So fehlt beispielsweise in § 330d StGB der in § 329 Abs.3 StGB verwendete Begriff „Naturschutzgebiet"; dieser ist in § 13 BNatSchG definiert. Hier erfolgt einfach eine Übernahme in das Strafrecht. Trotz gleichen Wortlauts können aber die Inhalte der Begriffe voneinander abweichen. Dies gilt z.B. für den Abfallbegriff (vgl. Felix 1998: 19).

2. Die Verwaltungsrechtsakzessorietät

Nach § 330d Nr.4a StGB gilt als „verwaltungsrechtliche Pflicht" eine Pflicht, die sich aus einer anderen umweltschützenden Rechtsvorschrift ergibt. Die Strafbarkeit nach § 324a StGB bedingt also, dass der Täter „unter Verletzung verwaltungsrechtlicher Pflichten" gehandelt hat, hier also z.B. gegen §§ 4 und 7 des BBodSchG verstoßen hat. Rechtsvorschriften müssen allerdings hinreichend bestimmt sein, um eine taugliche Grundlage sein zu können (vgl. L/K 2011: § 325 Rdnr.7). „Mit dieser Regelungstechnik wird ... der jeweilige Straftatbestand also blankettartig ausgestaltet..." (Busch/Iburg 2002: 64), was mitunter durchaus kritisch gesehen wird.

3. Die Verwaltungsaktsakzessorietät

Der eingangs geschilderte Beispielfall dürfte die größte praktische Relevanz haben: eine behördliche Erlaubnis oder Genehmigung, die in Form eines Verwaltungsakts (§ 35 Satz 1 VwVfG) ergangen ist. Sieht man (mit der herrschenden Meinung) hierin kein Element des Tatbestandes, so bedeutet das. „Der Verwaltungsakt, der dem Bürger die Befugnis zur Verunreinigung gibt, fungiert aus strafrechtlicher Sicht als Rechtfertigungsgrund, so daß auch in diesen Fällen das Strafrecht an Einzelfallentscheidungen der Behörden grundsätzlich gebunden und damit verwaltungsaktsakzessorisch ausgestaltet ist." (Felix 1998: 20) Diese Folge ergibt sich auch direkt aus dem Gesetz, nämlich aus § 330d Nr.4c StGB. Eine Eigenheit des Verwaltungsrechts ist dabei, dass auch fehlerhafte Entscheidungen der Behörde wirksam sein können. Dies zumindest so lange der Verwaltungsakt nicht an einem so gravierenden Fehler leidet, dass er als „nichtig" (§ 44 VwVfG) anzusehen ist. Auch ein fehlerhafter Verwaltungsakt (der nicht nichtig ist) erwächst in die sog. „Bestandskraft", sofern er nicht innerhalb eines Monats ab Bekanntgabe mit einem Widerspruch (oder auch einer Klage, wenn ein „fakultatives Widerspruchsverfahren" existiert) angegriffen wird. Auch ein solcher Verwaltungsakt hätte dann die Wirkung, dass z.b. die Gewässerverunreinigung nicht mehr „unbefugt" im Sinne von § 324 Abs.1 StGB erfolgt. Für besondere Fälle hat das Gesetz in § 330d Nr.5 StGB klargestellt, dass hier keine Genehmigung, Befugnis, Zulassung, o.ä. vorliegt. Auf verwaltungsrechtliche Spezialprobleme soll hier aber nicht weiter eingegangen werden.

4. Die Verwaltungs<u>vertrags</u>akzessorietät

Statt eines Verwaltungsaktes (den die Verwaltungsbehörde erlässt) kann auch zwischen der Behörde und dem Bürger ein sog. öffentlich-rechtlicher Vertrag geschlossen werden (§§ 54 ff. VwVfG). Nach § 330d Nr.4e StGB hat auch dieser verwaltungsakzessorische Wirkung.

5. Die Verwaltungs<u>judikats</u>akzessorietät

§ 330d Nr.4b StGB bestimmt auch verwaltungsgerichtliche Entscheidungen als mögliche Quelle einer verwaltungsrechtlichen Pflicht. „Hier ist vor allem an verwaltungsgerichtliche Betriebsuntersagungen im einstweiligen Rechtsschutz gemäß § 123 VwGO zu denken." (Busch/Iburg 2002: 66)

3.1.3 Kritik an dem Modell und Bedenken

Von Kritikern wird gelegentlich vorgebracht, der Strafgesetzgeber habe sich durch die Implementierung der Verwaltungsakzessorietät selbst entmachtet (vgl. Meurer 1988: 2067). Durch die geschaffenen „Blanketttatbestände" sei die generelle Entscheidung über eine Strafbarkeit nicht mehr in der Hand der Legislative. Dazu ist Folgendes zu sagen: in den Fällen der begrifflichen Akzessorietät und der Verwaltungsrechtsakzessorietät handelt es sich zumeist um den gleichen Gesetzgeber (Deutscher Bundestag). In den anderen Fällen, insbesondere bei der Verwaltungsaktsakzessorietät ist die erlassende Exekutive über Art. 20 Abs.3 GG an Gesetz und Recht gebunden, d.h. nicht zuletzt auch an europarechtliche Regelungen und an die obergerichtliche Rechtsprechung. Insofern dürfte es auch nicht zur Entstehung eines sog. „Gemeindestrafrechts" kommen, weil beispielsweise die lokalen Genehmigungspraktiken stark differieren würden (vgl. Krüger 1995: 219). Das Bundesverfassungsgericht erkennt hierin auch keine verfassungsrechtlichen Bedenken (BVerfG, NJW 1987: 3175); in einer anderen Entscheidung aus dem Jahr 1987 (BVerfGE 75, 329, 346) sieht es eine „enge Verzahnung von Strafrecht und Verwaltungsrecht" sogar als „zwangsläufig" an.

3.2 Die Amtsträgerhaftung

Seit der Einführung der §§ 324 ff. in das StGB wird gefordert, eine explizite Strafbarkeit von Amtsträgern zu schaffen (vgl. Triffterer 1980: 133 ff.). Mit dem Begriff „Amtsträger" kann sowohl der ausführende Sachbearbeiter in einer Verwaltungsbehörde gemeint sein, als auch der Behördenleiter, oder auch ein gewählter Politiker in seiner Funktion als Dienstvorgesetzter (Oberbürgermeister, Landrat, etc.). Der Amtsträger kann dabei in verschiedenen Funktionen handeln (vgl. Rengier 1992: 38 ff.):

1. als verantwortlicher Betreiber von Anlagen, d.h. als Betriebsinhaber
2. als Teil der Genehmigungsbehörde
3. als Teil der Überwachungsbehörde

In den Fällen der Nr.1 geht es z.b. darum, dass eine Gemeinde eine Kläranlage, eine Abfallentsorgungsanlage, einen Schlachthof, usw. betreibt. Da hier kein hoheitliches Handeln vorliegt, ist die Kommune als ganz normaler Unternehmer tätig. In einigen Fällen (aus den 1980er Jahren) sind Verurteilungen von Behördenleitern bekannt geworden (vgl. Rengier 1992: 38 f.), wobei nicht immer klar ist, ob die strafbare Handlung in einem aktiven Tun (z.B. dem Einleiten von Abwässern aus einer gemeindlichen Kläranlage) oder in einem Unterlassen (versäumte Verlängerung der befristeten Genehmigung dazu) zu sehen ist. Die h.M. sieht diese Fälle als unproblematisch an, und überdies auch nicht als „echte Amtsdelikte" (vgl. Rengier 1992: 40). Als solche gelten andere Konstellationen. Tritt die Behörde als Genehmiger auf, so ergeben sich zwei Szenarien:

a) die Erteilung einer fehlerhaften, verwaltungsrechtlich aber voll wirksamen (s.o., *Kapitel 3.1.2 Nr.3*) Erlaubnis
und
b) das Unterlassen der Beseitigung solcher Erlaubnisse (vgl. L/K 2011: vor § 324 Rdnr.9)

Im ersten Fall kann der Amtsträger als sog. Mittelbarer Täter (§ 25 Abs.1 Alt.2 StGB: „Als Täter wird bestraft, wer die Straftat ... durch einen anderen begeht.") oder als Mittäter (§ 25 Abs.2 StGB: „Begehen mehrere die Straftat gemeinschaftlich... (Mittäter).") zur Verantwortung gezogen werden. Hierin sind sich Rechtsprechung und Literatur weitgehend einig (vgl. L/K 2011: vor § 324 Rdnr.10). Im zweiten Fall stellt sich die Frage, ob die Behörde eine Pflicht zum Handeln im Sinne einer sog. Garantenstellung (gemäß § 13 Abs.1 StGB) hat. Diese wird einerseits mit der sog. „Ingerenz" begründet, also mit dem vorangegangenen pflichtwidrigen Handeln (vgl. L/K 2011: § 13 Rdnr.11). Die h.M. sieht die Behörden hier aber auch in der Rolle der sog. „Beschützergaranten", weil sie „... der Allgemeinheit und jedem Einzelnen in dem Sinne verantwortlich sind, dass sie im Rahmen der ihnen aufgetragenen Güterabwägungen jede dem Gesetz widersprechende Beeinträchtigung der ihnen anvertrauten Umweltgüter zu unterbinden haben..." (L/K 2011: vor § 324 Rdnr.11). Die Rechtsprechung beschränkt sich aber hier auf die Fälle, in denen der Amtsträger verpflichtet gewesen wäre, entweder die Erlaubnis zurückzunehmen oder andere geeignete Abwehrmaßnahmen zu ergreifen, und dies nicht getan hat (vgl. L/K 2011: vor § 324 Rdnr.11). „Die dritte ... Fallgruppe betrifft zuständige Amtsträger von Überwachungsbehörden, die in pflichtwidriger Weise gegen rechtswidrige Umweltbeeinträchtigungen durch Dritte nicht einschreiten und dadurch deren Taten nicht unterbinden." (Rengier 1992: 42) Auch hier geht es um die Frage, ob der Amtsträger eine besondere Garantenstellung innehat, was von Rechtsprechung und Lehre grundsätzlich bejaht wird (vgl. L/K 2011: vor § 324 Rdnr.12). „Damit dürften im Ergebnis alle Sachverhaltsgestaltungen erfasst sein, in denen sich ein Strafbedürfnis besonders bemerkbar macht. Ob für den Bereich schlicht rechtswidriger Gestattungen auch angesichts der zu erwartenden Fallzahlen ein dringendes Bedürfnis für eine Gesetzesänderung ins Feld geführt werden kann, ist nach wie vor fraglich. (...) Auch eine Einführung einer strafbewehrten Anzeigepflicht für schwere Umweltstraftaten steht derzeit nicht zur Diskussion." (Rogall 2001: 833 f.) Dem ist zuzustimmen. Der Gesetzgeber selber hat mit dem Katalog in § 138 StGB eine Wertung dazu abgegeben, wann ein Bürger verpflichtet ist, eine (noch nicht durchgeführte) Straftat zur Anzeige zu bringen; die §§ 324 ff. StGB finden sich dort nicht. Für einen (nicht-)handelnden Verwaltungsbeamten kann dann hierzu nichts anderes gelten. Im Übrigen sind die Bediensteten von Verwaltungsbehörden in der Regel keine Hilfsbeamte der Staatsanwaltschaft (§ 152 Abs.2 GVG); dies ist Aufgabe von Polizeibeamten. Auch sollte nicht vergessen werden, dass das Fehlverhalten von Behördenvertretern nicht per se ungesühnt bleibt – schließlich unterliegen diese auch noch dem Disziplinarrecht (bei Beamten) oder dem Arbeitsrecht (bei Angestellten bzw. Tarifbeschäftigten). Trotz diverser ungeklärter Detailfragen scheinen sich Gesetzgebung, Rechtsprechung und Literatur mit der Problematik „Amtsträgerstrafbarkeit" weitgehend arrangiert zu haben. Interessant ist dennoch ein Vorschlag der SPD-Fraktion im Vorfeld des 2. UKG, der die Schaffung eines § 329a StGB („Strafbarkeit von Amtsträgern") mit folgendem Text vorsah (Knopp 1994: 684):

„Der Amtsträger, der vorsätzlich oder leichtfertig unter Verletzung der ihm zum Schutz der Umwelt obliegenden Pflichten
1. eine fehlerhafte Zulassung erteilt,
2. eine Zulassung nicht aufhebt,
3. die Anordnung umweltschützender Maßnahmen unterläßt oder
4. gegen rechtswidrige Beeinträchtigungen der Umwelt nicht einschreitet,

wird wie ein Täter bestraft, wenn die Beeinträchtigung oder Gefährdung der Umwelt den Tatbestand eines Strafgesetzes erfüllt oder bei pflichtgemäßem Handeln des Amtsträgers entfallen würde. In den Fällen des § 330 Abs.1 wird der Amtsträger auch dann bestraft, wenn er nur fahrlässig handelt."

Möglicherweise wird dieser Vorschlag ja irgendwann wieder aufgegriffen werden.

3.3 Kausalitäts- und Zurechnungsprobleme, Minima-Klausel und Kumulationseffekte

„Umweltbeeinträchtigungen, die durch das Umweltstrafrecht erfasst werden sollen, beruhen bekanntlich meist weniger auf spektakulären Einzelbelastungen, sondern vielmehr auf den Handlungen einer großen Zahl von Einzelpersonen. Umwelteinwirkungen dieser Handlungsbeiträge sind in der Regel für sich allein betrachtet bagatellartig oder harmlos, so dass sie für das geschützte Rechtsgut kaum relevant und damit als strafwürdiges Unrecht schwer einzuordnen sind. Diese bagatellartigen Einzelbeiträge vernetzen sich aber häufig komplex miteinander oder wirken kumulativ zusammen und führen dadurch zu schädlichen Umweltbeeinträchtigungen. Erst aufgrund dieses kumulativen Zusammenwirkens erlangen die bagatellartigen Einzelbeiträge ihre Relevanz für die Umwelt." (Kim 2009: 88) Damit sind schon eine ganze Reihe von problematischen Besonderheiten aus dem Bereich des Umweltstrafrechts angesprochen, die in der Literatur zwar intensiv diskutiert, oft aber auch miteinander vermengt oder verwechselt werden. Am Beginn steht eine scheinbar einfache Grundproblematik:

3.3.1 Kausalität und Zurechnung

In einem Strafverfahren soll dem Täter die vorgeworfene Tat zweifelsfrei nachgewiesen werden. Neben anderen Beweisfragen muss daher auch bewiesen sein, dass die Tathandlung kausal für den Taterfolg gewesen ist (und sich nicht etwa zufällig ereignet hat). Bei vielen Delikten scheint dies selbstverständlich, in manchen Fällen (z.B. bei Tötungsdelikten) wird der Kausalitätsnachweis mit Hilfe von Gutachten (beispielsweise durch einen Rechtsmediziner) erbracht. „Die Strafbarkeit wegen einer Gewässerverunreinigung setzt demnach voraus, daß die Kausalität einer bestimmten Einleiterhandlung für die nachteilige Gewässerverunreinigung nachgewiesen werden kann." (Brahms 1994: 148) Abgesehen von der zum Teil schwierigen Beweissicherung, treten hier noch andere Probleme auf: „So wird oftmals bei gewässerbeeinträchtigenden Handlungen nicht nur ein einzelner Stoff, sondern eine ganze Anzahl von Substanzen in das Gewässer eingebracht. Wenn diese Abwässer zudem noch in ein bereits vorbelastetes Gewässer eingebracht werden, bereitet die Zurechnung der konkreten Abwassereinleitung zu der festgestellten Gewässerbeeinträchtigung in zahlreichen Fällen erhebliche Schwierigkeiten. Dies zeigt, daß eine „eins zu eins" Zuordnung von Verursacher und Schädigung in vielen Fällen nicht möglich sein wird." (Niering 1993: 52) Verschiedene Effekte (Wirkungen) treten auch nicht sofort auf, sondern mit einem gewissen zeitlichen Verzug. Gerade dann ist es sehr schwierig zu beweisen, dass keine weitere Handlung (ggf. auch in Form eines Naturereignisses; Stichwort: saurer Regen) dazugetreten ist, welche die eigentliche Ursache für den Erfolg (z.B. die Gewässerverunreinigung) ist. Aber auch die Wissenschaft selbst stößt hier bisweilen an ihre Grenzen: „Das umweltschädigende Potential von Substanzen kann durch die vereinfachenden Methoden der klassischen Chemie nicht hinreichend charakterisiert werden. Die in der Regel vorgenommenen Einzelbetrachtungen der toxischen Wirkung von Schadstoffen unter standardisierten Laborbedingungen werden den realen Umweltbedingungen ständig wechselnder Schadstoffmischungen nicht gerecht. Für die überwiegende Zahl der vorhandenen chemischen Verbindungen fehlen bis heute die grundlegendsten Kenntnisse über ihre physikalischen, physiologischen oder synergetischen Eigenschaften." (Daxenberger 1997: 32) Seit dem 1990 ergangenen sog. „Lederspray-Urteil" durch den Bundesgerichtshof (vgl. Daxenberger 1997: 44 f. m.w.N.) sind die Anforderungen an den Kausalitätsnachweis allerdings deutlich zurückgefahren worden. In diesem Prozess konnte der Kausalzusammenhang zwischen der Handlung (Verkauf von Lederspray für die Schuhpflege) und dem Taterfolg (Erkrankung der Verbraucher) nicht zweifelsfrei geführt werden. Nach Ansicht des BGH genüge es aber schon, dass „...alle anderen in Betracht kommenden Schadensursachen aufgrund einer rechtsfehlerfreien Beweiswürdigung ausgeschlossen werden können." (BGH in NJW 1990: 2560, 2562) Obgleich die Entscheidung in der Literatur zum Teil heftig kritisiert wurde gilt sie seitdem als Maßstab für Kausalitätsanforderungen im Strafrecht.

3.3.2 Die Minima-Klausel

Eine von dieser Frage – scheinbar – getrennte Eingenart des Umweltstrafrechts ist die sog. „Minima-Klausel". Diese beruht auf folgenden Überlegungen: „Zahlreiche Tatbestände werden durch eine geringfügige Beeinträchtigung des geschützten Rechtsguts noch nicht erfüllt. Das wohl bekannteste Beispiel dafür liefern die Körperverletzungstatbestände. Diese sog. Minima-Problem tritt auch im Umweltstrafrecht auf." (Bloy 1997: 582) Begründet wird dies so: „Nicht sinnvoll und auch nicht mit strafrechtlichen Grundsätzen vereinbar scheint es, jede auch noch so geringe Gewässerverunreinigung strafrechtlich zu sanktionieren. Im Vordergrund stehen hier insbesondere die sog. Bagatellfälle, so etwa das Entleeren einer Limonadenflasche oder einer Milchkanne in ein Gewässer." (Niering 1993: 45) Als ähnliche Bagatellfälle werden z.B. genannt: das Baden ohne vorherige Reinigung oder gar das Stolpern mit Salatöl auf einer über einen Bach führenden Brücke (vgl. Rengier 1992: 15). Rechtsdogmatisch wird das Bagatell- oder Minimaprinzip einerseits mit dem Erfordernis der Verhältnismäßigkeit staatlicher Eingriffe begründet, andererseits gebiete es der ultima-ratio-Gedanke des strafrechtlichen Rechtsgüterschutzes (vgl. Kim 2009: 93). Dieser Argumentation ist zuzustimmen; die praktische Umsetzung dieses Gedankens ist indes aber nicht gelungen. Für den Bereich der gefährlichen Abfälle hat der Gesetzgeber eine Bagatellgrenze zu formulieren versucht (§ 326 Abs.6 StGB, s.o. *Kapitel 2.3.1.5*). Da es aber nicht als allgemeine Regel für alle Delikte des 29. Abschnitts des StGB formuliert wurde (z.B. in einem neuen § 330e StGB) wollte der Gesetzgeber wohl explizit eine Beschränkung auf die Abfalldelikte zum Ausdruck bringen (wörtliche und systematische Auslegung des Gesetzes). Bezogen auf § 324 StGB „... ist anhand der konkreten Umstände des Einzelfalls zu entscheiden, ob eine strafbare, das heißt eine mehr als nur geringfügige Verunreinigung des Gewässers vorliegt. Danach sollen bei einer Entscheidung verschiedene Aspekte berücksichtigt werden, so etwa die Größe und Tiefe des Gewässers, die Geschwindigkeit eines Fließgewässers oder die Menge und Gefährlichkeit der eingeleiteten Stoffe." (Niering 1993: 46) Wirkliche Klarheit bringt dies aber nicht, nicht zuletzt weil dies stark davon abhängt, welchen konkreten Teil des Gewässers man als Tatobjekt betrachtet. „Allgemein kann deshalb bei jeder Schadstoffeinleitung die Minima-Schwelle beliebig durch Verkleinerung oder Vergrößerung des Gewässerabschnitts manipuliert werden. (...) Ein solcher Zustand ist mit Blick auf das rechtsstaatliche Bestimmtheitsgebot nicht hinnehmbar." (Brahms 1994: 141) Unbeschadet der dahinterstehenden guten Absicht (z.b. Verhinderung einer Überkriminalisierung im Umweltbereich, vgl. Daxenberger 1997: 49) des Gesetzgebers „... bleibt es problematisch, daß eine genauere Festlegung der Erheblichkeitsschwelle für Gewässerbeeinträchtigungen bisher nicht gelungen ist." (Brahms 1994: 140) Ursprünglich wollte der Gesetzgeber ja mit der Schaffung der §§ 324 ff. StGB auch erreichen, dass Umweltvergehen nicht (mehr) als „Kavaliersdelikte" angesehen werden. Dies wird durch die Schaffung einer Bagatellgrenze nicht eben gefördert. Für den Bereich der Diebstahlsdelikte hat der Gesetzgeber mit dem § 248a StGB eine praktikable Lösung geschaffen. Bei geringwertigen Sachen (d.h. wenn der Wert der Sache etwa 30-50 € nicht übersteigt, vgl. L/K 2011: § 248a Rdnr.3) wird die Tat – sofern kein besonderes öffentliches Interesse seitens der Staatsanwaltschaft gesehen wird – nur auf Antrag verfolgt. Das Strafrecht in Österreich hat folgenden Lösungsansatz für die Problematik: nach § 180 Abs.1 Nr.4 öStGB wird mit einer Freiheitsstrafe bis zu 3 Jahren bestraft, wer „entgegen einer Rechtsvorschrift oder einem behördlichen Auftrag ein Gewässer ... so verunreinigt oder beeinträchtigt, dass dadurch ein Beseitigungsaufwand oder sonst ein Schaden an einer fremden Sache ..., der 50.000 Euro übersteigt, entstehen kann". Das bedeutet: „Unter der Voraussetzung, dass die Beseitigung der Verunreinigung oder Beeinträchtigung technisch möglich ist, knüpft die Strafbarkeit an diesen Aufwand, sofern dessen Kosten 50.000 Euro übersteigen. Zumal sich die Frage eines in concreto erforderlichen Ausmaßes eines Beseitigungsaufwandes bei einer tatsächlich nicht eintretenden Schädigung eines Umweltmediums schwer beantworten lässt, sind die nach den allgemeinen Erfahrungssätzen aufzuwendenden Kosten, die bei tatsächlichem Eintritt des Schadens einstehen können, als präsumptiver Aufwand zu schätzen." (Aicher-Hadler 2007: § 180 Rdnr.24). Über die Höhe von 50.000 € kann man sicherlich diskutieren; ein Plus an Klarheit bringt diese Vorschrift aber in jedem Fall. Zur Erinnerung: das DDR-StGB hatte (in den §§ 191a und 191b) die Verursachung einer „Gemeingefahr" (i.S.v. § 192 DDR-StGB) als Voraussetzung. Abschließend sei noch auf die Vorschrift des § 103 Abs.1 Nr.1 WHG verwiesen, der die unbefugte Gewässerbenutzung mit einem Bußgeld bis zu 50.000 € (§ 103 Abs.2 Alt.1 i.V.m. Abs.1 Nr.1 WHG) bewehrt. In der bestehenden Form muss die Minima-Klausel somit als wenig hilfreich angesehen werden.

3.3.3 Kumulationseffekte

„Beeinträchtigungen der ökologischen Umweltrechtsgüter sind im Vergleich zu herkömmlichen Rechtsgutsbeeinträchtigungen in der Regel kein Resultat einer isolierbaren Einzelhandlung, sie beruhen vielmehr auf Handlungsbeiträgen einer *großen Zahl* von Einzelpersonen. Die einzelnen Handlungen zeichnen sich dabei dadurch aus, dass sie räumlich oder zeitlich verstreut und auch unabhängig voneinander ihre Wirkung entfalten." (Kim 2009: 89) In der Literatur wird dies unter dem Stichwort der „Kumulation" bzw. der „Kumulationseffekte" problematisiert. Mitunter werden dafür auch die Begriffe „Summation", „synergetische Wirkung" und „sukzessives Zusammenwirken" verwendet (vgl. Bloy 1997: 581). Diese Begriffe beschreiben jedoch nicht das Gleiche.

- ◆ Bei einer Kumulation oder einer Summation addieren sich zwei ähnliche zeitgleiche (synchrone) Handlungen zu einer großen Gesamthandlung. In mathematischer Schreibweise hieße dies: $A + A = 2A$. Beim sukzessiven Zusammenwirken ist dies ebenso, jedoch besteht zwischen den beiden Einzelhandlungen ein deutlicher zeitlicher Abstand (sie sind also asynchron), so dass ggf. ein schwächeres Ergebnis entsteht. Als (mathematisch nicht ganz korrekte) Formel hieße das: $A + 0 + A = (2A) - 1$, wobei gilt: $0 = $ kein Ereignis.
- ◆ Bei einer synergetischen Wirkung entstehen aus zwei verschiedenartigen Stoffen ein neuer, dritter Stoff. Als Formel geschrieben: $A + B = C$

In der juristischen Lehrbuchliteratur taucht häufig (unter dem Stichwort „kumulative Kausalität") folgender Fall auf (vgl. Jäger 2007: 20 und 45): A und B kennen sich nicht, wollen aber beiden den C töten. Dazu gibt jeder der beiden dem C eine (was beide nicht ahnen) nicht tödliche Menge Gift (0,1 g) ins Essen. Erst ab einer Menge von 0,15 g wirkt das Gift tödlich (sog. „letale Dosis"). C stirbt an den im so verabreichten 0,2 g (0,1 g + 0,1 g) Gift. Das juristische Ergebnis ist zunächst einmal überraschend: keiner der beiden Täter (A und B) wird wegen eines vollendeten Tötungsdelikts (§§ 212 oder 211 StGB) bestraft, obwohl doch ein Mensch (der C) tot ist. A und B haben sich beide (lediglich) eines vollendeten Versuchs strafbar gemacht. Die Kausalität wird in solchen Fällen zwar bejaht; dies gilt aber nicht für die objektive Zurechnung der Tatbeiträge.

Im Zusammenhang mit den Umweltdelikten ergibt sich aus der (allgemein anerkannten) Minima-Klausel nun ein Wertungsproblem: wenn 3 Personen (A, B und C) jede für sich betrachtet eine bagatellartige Gewässerverunreinigung begehen (der A leert 1 Liter Cola, der B 1 Liter Fanta und der C 1 Liter Sprite in einen kleinen Weiher), so hätte sich keiner nach § 324 Abs.1 StGB strafbar gemacht. In der Literatur (insbesondere durch KUHLEN, vgl. Brahms 1994: 144 f. und durch SAMSON, vgl. Bloy 1997: 582 f.) wird aber vertreten, dass in dieser speziellen Konstellation jeder als Einzeltäter bestraft wird, da mit der Menge von 3 Liter an Softdrinks die Bagatellgrenze nun überschritten sei. (Dies würde umso deutlicher, wenn man die Zahl der handelnden Personen z.B. mit 300 oder 3.000 ansetzt.) Diese Ergebnis ist klar abzulehnen! Der Täter wird hier für seinen (mit)verursachten **Schaden** bestraft und nicht für seine Handlung. „Das Strafrecht darf die Sanktionierung eines Verhaltens nicht daran knüpfen, was andere vielleicht tun." (Brahms 1994: 145) Bei konsequenter Anwendung der Minima-Klausel käme hier also (anders als in dem Gift-Fall von oben) nicht einmal eine Versuchsstrafbarkeit in Betracht. Lehnt man hingegen die Minima-Klausel völlig ab, so käme man zu dem Ergebnis, dass A, B und C sich jeweils einer vollendeten Gewässerverunreinigung (§ 324 Abs.1 StGB) strafbar gemacht haben, und zwar als unmittelbarer Alleintäter (§ 25 Abs.1 Alt.1 StGB). Rein prozeßrechtlich käme dann aber auch ein Absehen von der Strafverfolgung wegen Geringfügigkeit (nach § 153 StPO) oder eine Verfahrenseinstellung durch die Erfüllung von Auflagen und Weisungen (§ 153a StPO) in Betracht. Kein anderes Ergebnis kann sich dann für die o.g. Varianten der synergetischen Wirkung und des sukzessiven Zusammenwirkens ergeben.

3.4 Fazit

Das Umweltstrafrechts weist viele Besonderheiten auf, die z.T. aber nicht zu vermeiden sind. Das macht die Materie ebenso interessant, wie kompliziert.

4 Der Schutz der Gewässer im Strafrecht

4.1 Aktuelle Regelungen

Die wichtigsten Vorschriften des Umweltstrafrechts wurden bereits in *Kapitel 2.3.1* dargestellt. Bezogen auf das Medium Wasser gibt es vier denkbare Varianten einer Straftat:

a) die Straftat findet <u>auf</u> dem Wasser statt, d.h. z.b. auf einem Kreuzfahrtschiff. Es geht hier also um die Frage des Tatortes (§ 9 StGB) und um den Anwendungsbereich des deutschen Strafrechts. Für Schiffe, die unter deutscher Flagge fahren, findet gem. § 4 StGB das deutsche Strafrecht Anwendung. Im Übrigen gelten hier die allgemeinen Regeln des StGB ohne weitere Besonderheiten.

b) Die Straftat findet <u>im</u> Wasser statt. Auch dies ist primär eine Frage des Tatortes (§ 9 StGB) und des Geltungsbereichs des StGB (§ 3 StGB). Mögliche Straftaten wären hierbei:
- § 323c StGB (unterlassene Hilfeleistung): einem Nichtschwimmer, der ins Wasser gefallen ist, wird nicht geholfen – folglich ertrinkt er
- §§ 211, 212 StGB (Totschlag bzw. Mord): das Opfer wird ertränkt, indem sein Kopf in der Badewanne unter Wasser gedrückt wird

c) das Wasser ist die <u>Tatwaffe</u>: in eine Flasche Mineralwasser wird Arsen injiziert; die Vergiftung führt zum Tod eines Menschen

d) die Tat richtet sich indirekt oder direkt <u>gegen</u> das Medium Wasser

Nur die Variante d) soll hier näher betrachtet werden. Die Vorschriften der §§ 314, 318 und 324 StGB befassen sich mit den offenen Gewässern (§ 324), dem Trinkwasser und dem Grundwasser (§ 314) und u.a. auch mit den Wasserleitungen (§ 318). Soweit nicht bereits in *Kapitel 2.3.1* geschehen, sollen erst einmal die wesentlichen Inhalte dieser Vorschriften dargestellt werden.

4.1.1 Gewässerverunreinigung, § 324 StGB

Durch § 324 StGB wird das Gewässer geschützt, und zwar umfassend, d.h. auch das Gewässerbett und das Ufer gehören dazu (vgl. Sack 2012: A 1.16 Rdnr.6). § 330d Nr.1 StGB definiert als „Gewässer" ein oberirdisches Gewässer, das Grundwasser und das Meer. Als oberirdisches Gewässer gelten alle ständig oder zeitweilig in (natürlichen oder künstlich angelegten) Betten fließenden oder stehenden oder aus Quellen wild abfließende Wasser, wie es auch § 3 Nr.1 WHG für das Wasserhaushaltsgesetz legaldefiniert. Der Begriff „Grundwasser" ist ebenfalls in § 3 (hier in der Nr.3) WHG definiert; er umfasst das gesamte am natürlichen Kreislauf teilnehmende unterirdische Wasser, einschließlich fließender oder stehender Gewässer in Erdhöhlen oder in ummauerten Hausbrunnen (vgl. L/K 2011: § 324 Rdnr.2). Rein begrifflich ergibt sich von daher eine Überschneidung mit § 314 Abs.1 Nr.1 StGB („Wasser in Brunnen"). Zum „Meer" gehören die Hohe See und das Küstengewässer, also im Unterschied zu den Binnengewässern sämtliche Meeresgewässer (vgl. Sack 2012: A 1.16 Rdnr.18). Den Begriff „See" kennt das StGB nicht. „Die Seen sind größere stehende Gewässer ohne direkte Verbindung zum Meer, die inselhaft auf dem Festland verteilt sind." (Schwoerbel 1993: 18) Auf die korrekte Bezeichnung des Gewässers („Nordsee", „Ostsee", etc.) kommt es dabei nicht an.

Zentrale Tathandlung des § 324 StGB ist die nachteilige Veränderung der Eigenschaften eines Gewässers. Die Verunreinigung stellt dazu einen Spezial- bzw. Unterfall dar. „Der Unterschied besteht darin, dass die Verunreinigung äußerlich erkennbar ist... Die Abgrenzung kann schwierig, der Übergang fließend sein; doch führt dies in der Praxis zu keinen Problemen, weil die Rechtsfolgen die gleichen sind..." (Sack 2012: A 1.16 Rdnr.26) § 3 Nr.7 WHG definiert den Begriff der Gewässereigenschaft als „die auf die Wasserbeschaffenheit, die Wassermenge, die Gewässerökologie und die Hydromorphologie bezogenen Eigenschaften von Gewässern und Gewässerteilen". Diese Definition wurde für den Bereich des Strafrechts im Rahmen der begrifflichen (Verwaltungs-)Akzessorietät (vgl. *Kapitel 3.1.2 Nr.1*) übernommen. „Eine Veränderung der Eigenschaften des Gewässers liegt daher insbesondere vor, wenn die physikalische, chemische oder biologische Beschaffenheit des Wassers verändert ist... Dies gilt auch für eine geschmackliche Beeinflussung ..., Erwärmung (z.B. durch Einleiten von Kühlwasser eines Kraftwerks), radioaktive Kontaminierungen..., Beimengen von Holzspänen... Aber auch eine Veränderung der Beschaffenheit des Gewässerbettes stellt eine Veränderung der Eigenschaften des Gewässers dar... (...) Der Begriff „Veränderungen der Eigenschaften" ist weit auszulegen." (Sack 2012: A 1.16 Rdnr.27) Die vollständige Beseitigung eines Gewässers stellt nach der Rechtsprechung ebenfalls einen Fall des § 324 StGB dar, sofern hier nicht § 329 Abs.3 Nr.3 StGB als Spezialvorschrift einschlägig ist (vgl. Sack 2012: A 1.16 Rdnr.31b). Die Veränderung muss aber auch „nachteilig" sein, d.h. „... wenn die Eigenschaften gegenüber dem vorherigen oder dem natürlichen Zustand verschlechtert werden, sei es auch nur graduell und in geringem Ausmaß..." (Sack

2012: A 1.16 Rdnr.28) Es werden auch andere Definitionen verwendet, die aber ebenfalls auf eine Verschlechterung der Wasserqualität (nach der Tathandlung im Vergleich zum Zustand vor der Tat) abstellen. Fraglich ist, ob dies immer so eindeutig ist. Zum einen können die Auswirkungen unter Umständen erst mit einer großen zeitlichen Verzögerung auftreten (Latenzzeit). Denkbar ist aber auch, dass durch die Handlung die Wasserqualität verbessert wird. Als Beispiel: ein Gewässer ist leicht basisch (pH-Wert = 8,0); durch das Einleiten einer schwachen Säure sinkt der pH-Wert auf 7,2, womit das Gewässer nun beinahe neutral (pH-Wert = 7,0; vgl. Römpp 2000: 629) ist. Sofern damit keine weiteren Veränderungen der Gewässereigenschaften verbunden sind, müsste dann wohl eher von einer „vorteilhaften" Veränderung gesprochen werden. In jedem Fall bedarf es hier einer sehr genauen Betrachtung, insbesondere bzgl. der Mikroorganismen. In der Praxis werden üblicherweise minimale (nachteilige) Veränderungen nicht als tatbestandserfüllend angesehen. An die Ausführungen zur sog. „Minima-Klausel" oder „Bagatellklausel" in *Kapitel 3.2.3* darf an dieser Stelle erinnert werden. Zur Verdeutlichung seien hier noch einige Beispiele für nachteilige Veränderungen der Gewässereigenschaften aus Literatur und Rechtsprechung genannt (vgl. Sack 2012: A 1.16 Rdnr.29):

- Beschleunigung oder Hemmung (durch Hindernisse) des Wasserabflusses
- Einleitung von Leitungswasser, das den Fischen die Nahrungsgrundlage entzieht
- Wasserentnahme bei Niedrigwasser, die zur Verunreinigung des Selbstreinigungsvermögens des Gewässers führt
- Einbringung von landwirtschaftlichen Reststoffen und Düngemitteln in oberirdische Gewässer
- Einleitung von (800 l) Sonnenblumenöl, so dass ein Sauerstoffdefizit entsteht
- Einleitung eines Milch-Wasser-Gemisches in einen Weiher

4.1.2 Gemeingefährliche Vergiftung, § 314 StGB

In § 314 Abs.1 Nr.1 StGB geht es um Wasser in gefassten Quellen, in Brunnen, Leitungen oder Trinkwasserspeichern. Das Wasser muss dem Gebrauch von (nicht zwingend bestimmten) Menschen in dem Sinne dienen, dass diese mindestens mit dem Inhalt in körperliche Berührung (beim Trinken, Waschen, Baden) zu kommen pflegen. Fabrik-, Löschwasserbehälter und Viehtränken fallen hier also nicht darunter (vgl. L/K 2011: § 314 Rdnr.2). Tathandlung ist das „Vergiften" oder die „Beimischung gesundheitsschädlicher Stoffe". Der Arzt und Alchemist Theoprastus Bombastus VON HOHENHEIM (genannt „PARACELSUS") formulierte dazu in seiner dritten Defensio im Jahre 1538: „Alle Dinge sind Gift und nichts (ist) ohne Gift, allein die Dosis macht, dass ein Ding kein Gift ist." (Nägeli 2010: 599) Diese Erkenntnis hatte auch schon früh Einzug in die Rechtsprechung gefunden. So heißt es in einem Urteil des Reichsgerichts vom 14.01.1884 (vgl. Nägeli 2010: 599): „Eine Substanz, welche lediglich durch ihre qualitative Beschaffenheit unter allen Umständen geeignet wäre, die Gesundheit zu zerstören, existiert nicht. Die gesundheitszerstörende Eigenschaft ist vielmehr eine relative; sie ist nicht bloß von der Qualität, sondern auch von anderen Bedingungen, insbesondere von der Quantität des beigebrachten Stoffes und von der körperlichen Beschaffenheit der Person, welcher derselbe beigebracht worden ist, abhängig." Nach der heutigen Sichtweise reicht es aus, dass das Wasser gesundheitsschädliche Eigenschaften hat, die schon bei bestimmungsgemäßen Gebrauch entstehen (vgl. Joecks 2007: § 314 Rdnr.7). Teilweise wird aber auch eine Gesundheitszerstörungseignung verlangt (vgl. L/K 2011: § 314 Rdnr.3). Für eine „... Gesundheitszerstörung ist erforderlich, dass wesentliche körperliche Funktionen nicht nur für eine vorübergehende Zeit zumindest in erheblichem Umfang aufgehoben werden..." (Sack 2012: A 1.11 Rdnr.4). Die Wirksamkeit des als Gift in Frage kommenden Stoffs ist dabei naturwissenschaftlich und abstrakt zu bestimmen (vgl. Sack 2012: A 1.11 Rdnr.4 m.w.N.).

4.1.3 Beschädigung wichtiger Anlagen, § 318 StGB

Durch § 318 Abs.1 StGB werden wichtige Anlagen, wie Wasserleitungen, Schleusen, Wehre, Deiche, Dämme oder andere Wasserbauten vor Beschädigung oder vor Zerstörung geschützt. Erfasst wird z.B. auch die Hauswasserleitung (vgl. L/K 2011: § 318 Rdnr.1). Bezüglich der Tathandlungen: vgl. *Kapitel 2.1.2.2*. Schlussendlich geht es hier also weniger um das z.B. in der Wasserleitung fließende Wasser, sondern um die Gefahr, die durch das austretende Wasser entstehen kann (Überschwemmungen o.ä.).

4.2 Quellen von Gewässerverunreinigungen

„Gewässer (Obeflächenwasser und Grundwasser) werden in der Regel außer durch Naturkatastrophen nur durch die menschliche Nutzung verschmutzt. Die

Verschmutzung erfolgt mehr oder weniger beabsichtigt, entweder durch Einleitung nur unzulänglich gereinigter Abwässer, durch illegale Abfallbeseitigung (z.B. Verklappung von flüssigen Abfällen wie Klärschlamm oder Dünnsäure in der Nordsee) oder durch unkontrollierte Abschwemmung der von Menschen flächenhaft ausgebrachten Materialien beziehungsweise Schadstoffe (z.b. in der Landwirtschaft: Gülle / Jauche = tierische Fäkalien, Düngemittel, Pestizide)." (BKA 2001: 23) Natürlich tragen auch Tiere Schadstoffe in Gewässer ein; diese unterliegen aber nicht dem Anwendungsbereich des Strafrecht. Werden die Schadstoffe durch menschliches Handeln oder Verhalten eingebracht, so spricht man von anthropogenen (altgr. *ánthropos = Mensch*) Gewässereinträgen; andernfalls handelt es sich um sog. natürliche Einträge in das Gewässer. „Gelangen sie über Abwassereinleitungen in den Fluss oder einen See, spricht man von punktförmigen, lokalisierbaren Verunreinigungsquellen. Dazu gehören Abwässer aus Haushalt, Gewerbe und Industrie sowie Abschwemmungen von Siedlungsgebieten und Verkehrsflächen. Sickerwasser von Mülldeponien oder eine aus einem Unfall stammende Verunreinigung werden ebenfalls zu den punktförmigen Quellen gezählt." (Kummert 1992: 132) Sofern ein Schadstoffeintrag nicht mehr als „punktförmig" bezeichnet werden kann, spricht man von „diffusen Quellen". „Viele Stoffe gelangen ... über nicht lokalisierbare Wege in die Gewässer. Zu diesen zählen alle Einträge, welche durch Emissionen aus Industrie, Verkehr, Hausfeuerungen und Kehrichtverbrennungsanlagen über die Atmosphäre in die Gewässer gelangen. Auch die durch landwirtschaftliche Bearbeitung und Düngung des Bodens über Grundwasser in die Gewässer verfrachteten Substanzen erreichen die Gewässer über diffuse Wege." (Kummert 1992: 132) Strafrechtlich relevant können generell alle anthropogenen Gewässereinträge sein; bei den punktförmigen dürfte indes der Tatnachweis leichter gelingen. Mit ein Grund dafür ist: „Die Eintragsmengen dieser aus nicht punktförmigen Quellen stammenden Stoffe sind besonders schwierig abzuschätzen. Nicht nur deshalb, weil oft weder örtliche noch zeitliche Einwirkungen bekannt sind, sondern auch, weil durch eine Vielfalt von Prozessen und Umwandlungen der Stoffe Rückschlüsse aus Gewässer-Analysendaten problematisch sind." (Kummert 1992: 132) Die gemessenen Immissionen müssen also nicht immer den verursachten Emissionen in Art und Menge entsprechen. Dazu kommt: „Zwischen Eintrag und Konzentration besteht meist kein linearer Zusammenhang..., so dass beispielsweise aus der Phosphatkonzentration eines Sees nicht auf die von aussen zugeflossene Phosphatmenge geschlossen werden darf." (Kummert 1992: 132)

Als Verursacher von wassergefährdenden Stoffeinträgen – und damit als möglicher Täter im Sinne von § 324 Abs.1 StGB - kommen z.b. folgende Arbeitsbranchen in Frage (vgl. BKA 2001: 25 ff.):

- Landwirtschaft
- Galvanisierbetriebe
- Kfz-Gewerbe, Tankstellen
- Schrottlagerplätze
- Lackierereien
- chemische Reinigungsbetriebe, Wäschereien
- Färbereien, Gerbereien
- chemische und pharmazeutische Industrie
- Lebensmittelhersteller und Lebensmittelverarbeiter
- Schlachtereien, Konservenhersteller
- Molkereien, Bierbrauer
- Getränkeabfüllbetriebe
- Großküchen, Kantineneinrichtungen

Substanzen, welche die Funktionen oder Strukturen der Gewässer-Ökosysteme in messbarer Weise beeinträchtigen, werden als „Laststoffe" bezeichnet. Diese (in großer Zahl existierenden) Stoffe haben zugleich auch negative Auswirkungen auf die Wasserbeschaffenheit und die verschiedenen Nutzungen. Zu den Laststoffen zählen (vgl. Uhlmann/Horn 2001: 389 f.):

- Pflanzennährstoffe
- stark sauerstoffzehrende organische Substanzen
- schwer abbaubare, aber nicht toxische organische Substanzen
- toxische Substanzen
- Krankheitserreger
- Sink- und Schwebstoffe
- Säuren

4.2.1 Saure Niederschläge

Säuren können auch über Niederschläge (v.a. Regen und Nebel) in das Gewässer eingetragen werden. Der Begriff des „sauren Regens" erlangte in den 1980er Jahren eine gewisse Popularität; insbesondere wurde hierin die Hauptursache für das sog. „Waldsterben" gesehen. „Regen in sauberer Luft ist sauer, denn durch den natürlichen Kohlendioxidgehalt der Luft und durch Spurenstoffe sollte der pH-Wert in Mitteleuropa 4,6 bis 5,6 betragen. Eine natürliche Beeinflussung kann z.b. durch Schwefeldioxid in vulkanisch aktiven Regionen (Absenkung des pH-Wertes) und durch die natürliche Freisetzung von Ammoniak durch biologische Zersetzungsprozesse (Erhöhung des pH-Wertes) erfolgen. Seit vielen Jahren wird aber beobachtet, dass durch Schadstoffe in der Luft der pH-Wert des Regens weiter abnehmen kann und damit einer Versauerung von Boden und Gewässern eintritt. (…) Säuren, die durch Luftverunreinigungen gebildet werden können, sind Schwefelsäure (aus nicht natürlichen Schwefeldioxid) und Salpetersäure (aus Stickoxiden). Aufgrund der Gegenwart dieser Säuren beträgt der pH-Wert des Regenwassers in Deutschland tatsächlich 4,7 bis 4,9, liegt also am unteren Rand des oben genannten natürlichen Bereichs." (Danzig 2007: 24) Weniger bekannt ist das Phänomen des „sauren Nebels". „Die Nebeltröpfchen (ca. 10-50 µm Durchmesser) sind viel kleiner als Regentropfen, … so dass im Nebel grössere Konzentrationen zu erwarten sind als im Regen. Im Gegensatz zu Regenwolken, die oft über Hunderte von Kilometern transportiert werden und dabei aus weiten Gebieten Gase und Aerosole aufnehmen, widerspiegelt die Nebelzusammensetzung eher die lokalen Verhältnisse, da der Nebel meist in tieferen Luftschichten gebildet wird. Die Konzentrationen im Nebel sind 10-100 Mal grösser als im Regenwasser..." (Sigg/ Stumm 2011: 84) „Schätzungsweise die Hälfte bis zwei Drittel der Säuren wird durch Regen deponiert, der Rest durch Nebel und trockene Deposition abgelagert." (Kummert 1992: 145) Das Absinken des pH-Wertes eines Gewässers hat wiederum Folgen: „In empfindlichen Gewässern wird mit der pH-Abnahme eine Zunahme der gelösten Aluminiumkonzentration beobachtet, die toxische Effekte auf verschiedene Organismen (insbesondere Fische) hat. Auch die gelösten Konzentrationen von Schwermetallen wie Cadmium, Kupfer nehmen mit abnehmenden pH zu." (Sigg/Stumm 2011: 150)

Findet also eine Gewässerverunreinigung mittels einer Säure zeitgleich mit einem starken (sauren) Regenguss statt, so hat die Messung des pH-Wertes nur geringe Beweiskraft. Hier bedarf es dann einer genaueren Gewässeranalyse.

4.2.2 Landwirtschaft

„Die Landwirtschaft belastet Gewässer vor allem durch Pestizide (Pflanzenschutzmittel) und Nährstoffe. Die Pestizide sind vor allem wegen ihrer toxischen Wirkungen auf die Gewässerbiozönosen gefährlich. In der Hauptsache werden

Pestizide diffus eingetragen. Durch starke Regenfälle kurz nach dem Ausbringen auf die Ackerflächen können bis zu 20 % der Anwendungsmenge in Gewässer gelangen. (...) Nährstoffe werden in Form von mineralischem oder organischem Dünger (Gülle, Mist) zur Produktion von Kulturpflanzen auf die landwirtschaftlichen Flächen gebracht. Werden mehr Nährstoffe aufgebracht, als die Pflanzen aufnehmen können, entsteht ein gewässergefährdender Nährstoffüberschuss, der Ursache für die Eutrophierung vieler Fließgewässer ist." (VDG 2011: 26) Zu den Einzelheiten, insbesondere zur Problematik der Eutrophierung, darf an dieser Stelle auf *Kapitel 4.5* verwiesen werden.

4.3 Schädliche Wirkungen auf Gewässer

4.3.1 Wirkungsweise, Persistenz

Schadstoffe werden nach ihrer speziellen Wirkungsweise wie folgt unterteilt (vgl. Kümmel/Papp 1988: 134):

1) toxische Stoffe: schädigen oder unterbinden die Stoffwechselvorgänge durch die Blockierung von Enzymen oder durch den Angriff auf biologische Membranen
2) teratogene Stoffe: stören die Embryonalentwicklung; Missbildungen bei den Nachkommen treten auf
3) mutangene Stoffe: verändern die Erbinformationen irreversibel
4) cancerogene Stoffe: lösen tumorartige Erkrankungen aus infolge von Veränderungen im genetischen Apparat

Die Aufenthaltszeit einer chemischen Verbindung in einem definierten Umweltbereich bezeichnet man als Persistenz; sie hängt von der Geschwindigkeit der biochemischen Abbaus unter den gegebenen Bedingungen ab (vgl. Kümmel/Papp 1988: 134).

4.3.2 Selbstreinigung von Gewässern

Es gibt jedoch auch Prozesse, welche die Fracht bzw. die Konzentration von Verunreinigungssubstanzen in einem Gewässer vermindern. Diese Prozesse bezeichnet man als „Selbstreinigung eines Gewässers" (vgl. Kummert 1992: 180). In einem Fließgewässer passiert bei der Selbstreinigung Folgendes: „Werden zusätzliche organische Stoffe (z.B. über Abwassereinleitungen) in ein Fließgewässer eingetragen, wirkt sich dies vor allem auf den Sauerstoffgehalt aus.

Der Sauerstoffgehalt sinkt zunächst ab, denn die komplexen organischen Verbindungen (Kohlenhydrate, Proteine und Fette) werden durch Oxidationsprozesse in niedermolekulare, anorganische Stoffe umgesetzt. Es entstehen neben Kohlendioxid und Wasser anorganische Nähr- und Mineralstoffe, vor allem Phosphat und Ammonium, das im Weiteren zu Nitrat oxidiert wird. Diese Umsetzungsprozesse sind nur durch eine Massenvermehrung von Bakterien (Destruenten) möglich, die wiederum die Nahrungsgrundlage für viele Einzeller (Protozenten) sind. Die entstandenen Pflanzennährstoffe Phosphat und Nitrat fördern im weiteren Verlauf das Algenwachstum. In einiger Entfernung von der Einleitungsstelle schließlich sind die eingeleiteten Stoffe weit gehend abgebaut und es bestehen annähernd wieder die gleichen stofflichen Verhältnisse wie vor der Einleitung. Voraussetzung ist, dass die eingeleiteten Stoffe biologisch abbaubar und nicht toxisch sind." (VDG 2011: 19) „Selbstreinigung ist somit die Fähigkeit eines Gewässer-Ökosystems, sauerstoffzehrende organische Substanzen und andere Laststoffe zu eliminieren oder zu inaktivieren. Im günstigsten Fall ist am Ende der Selbstreinigungsprozesse die Wasserbeschaffenheit wieder ähnlich gut wie zu Beginn bzw. wie oberhalb einer Abwassereinleitung. Alle Laststoffe werden flußabwärts transportiert. Dadurch ist die zeitliche Abfolge der biologischen Selbstreinigung mit einer räumlichen verknüpft. (…) An der biologischen Selbstreinigung sind physikalische und physikochemische Prozesse wie Sauerstoffeintrag aus der Atmosphäre, Verdünnung, Flockung / Fällung, Sedimentation, Ausgasung (aus dem Schlamm) in starkem Maße beteiligt. Hauptakteure sind aber die Bakterien (in bestimmten Fällen außerdem Pilze). Sie wandeln durch Abbau- und Atmungsprozesse den größeren Teil der gelösten organischen Substanzen in mineralisierte Endprodukte (Kohlendioxid bzw. Bikarbonat, Wasser, Ammonium, Phosphat) um... Der kleinere Teil dient der Erhaltung oder für einen Zuwachs der körpereigenen Biomasse." (Uhlmann/Horn 2001: 317) Die Selbstreinigungskraft der Gewässer wurde im 19. Jahrhundert deutlich überschätzt (vgl. *Kapitel 1.2*). Heute weiß man, dass auch die Selbstreinigungskraft von Gewässern Grenzen hat. „Im Extremfall wird durch toxische Substanzen sogar die erste Stufe der Selbstreinigung, d.h. die Entfernung mikrobiell leicht abbaubarer Stoffe, beeinträchtigt. Unter den toxisch wirkenden Metallen steht das Aluminium an erster Stelle..." (Uhlmann/Horn 2001: 334).

4.3.3 Medikamente und Antibiotika

Das größte Gefährdungspotential für Gewässer ergibt sich aus Umweltchemikalien, die ohne menschliches Handeln entweder gar nicht oder nicht in erhöhter Konzentration in die Gewässer-Ökosysteme gelangen würden. Dies gilt insbesondere auch für naturfremde Verbindungen (sog. Xenobiotica), von denen einige zu chemisch ziemlich beständigen Metaboliten umgewandelt werden, die dann unter Umständen toxischer sind als die Ausgangssubstanzen (vgl. Uhlmann/Horn 2001: 334). Medikamente gelangen zwar in der Regel nur über die Kanalisation in den Wasserkreislauf, können dort aber auch zu den bekannten „Nebenwirkungen" führen. Nicht weniger problematisch sind die ca. 277 t Antibiotika, die jedes Jahr in Deutschland in das Abwasser ausgeschieden werden (vgl. Wohlfarth 2004: 78). Knapp 5.000 t Antibiotika wurden 1999 europaweit in der Tierzucht eingesetzt, davon wurden ca. 70-90 % von den Tieren wieder unverändert ausgeschieden (vgl. Wohlfarth 2004: 63 ff.). In *Kapitel 4.2.2* wurde bereits auf die Gefahr einer Überdüngung (hier z.B. mit antibiotikahaltiger Gülle) und dem damit verbundenen Eintrag in das Grundwasser hingewiesen.

4.3.4 Der SANDOZ-Unfall 1986

Im November 1986 kam es auf dem Werksgelände der schweizer Chemiefirma SANDOZ zu einem Brand in einer Biozid-Lagerhalle. Als Folge der Löscharbeiten gelangte stark giftiges Löschwasser in den Rhein bei Basel. Die Konzentrationen an Phosphorsäure-Ester wurden in Fließrichtung des Rheins über mehrere Tage hinweg gemessen, mit folgendem Ergebnis (vgl. Uhlmann/Horn 2001: 401 ff.):

Tage nach Unfall	Entfernung zur Firma SANDOZ	Konzentration	Name des Messortes
0	0 km	1.500 µg/l	Village Neuf
3	189 km	40 µg/l	Maximiliansau
5	325 km	30 µg/l	Mainz
6	467 km	15 µg/l	Bad Honnef
8	689 km	< 5 µg/l	Lotith

Tabelle 4: Messergebnisse nach dem SANDOZ-Unfall 1986

„Man erkennt, dass die Scheitelhöhe der Konzentration zwar in Fließrichtung steil abnimmt, aber die Auswirkungen noch über eine Fließstrecke von ca. 700 km deutlich sind. Direkt unterhalb der Einleitung des Löschwassers wurden von den häufigsten wirbellosen Tieren bis zu 90 % getötet." (Uhlmann/Horn 2001: 403) Neben der Selbstreinigungskraft des Gewässers spielen auch die Vermischungsprozesse in Stand- und Fließgewässern eine große Rolle. Diese führen zu einer Vergleichmäßigung bzw. zu einer „Verdünnung" von Laststoffwolken oder Laststofffahnen. In Flüssen ist aber nur die Vertikaldurchmischung stark; bei geringer Tiefe hat diese aber keinen sehr großen Anteil an der Verdünnung. Quer- und Längsdurchmischung sind in Flüssen dagegen schwach. Weder die Verdünnung von Schadstoffen noch die Selbstreinigungskraft des Gewässers führen also dazu, dass der Schadstoff vollständig beseitigt wird.

4.4 Tatortarbeit und Nachweisverfahren

Ausgehend von der Unschuldsvermutung (Art.6 Abs.2 MRK) ist ausschließlich die Strafverfolgungsbehörde (Staatsanwaltschaft) bzw. deren Hilfsorgane (Schutz- oder Kriminalpolizei) dazu berufen, dem Täter die Tat zweifelsfrei nachzuweisen. Bei Zweifeln an seiner Täterschaft wird der Angeklagte (gemäß dem Grundsatz „in dubio pro reo", vgl. Haller/Conzen 2008: 14) im Strafprozess freigesprochen werden müssen. Die Staatsanwaltschaft erlangt zumeist auf drei denkbaren Wegen Kenntnis von einer Umweltstraftat (z.B. von einer Gewässerverunreinigung):

1. Anzeigen von Privatpersonen oder von NGOs
2. Mitteilungen von Verwaltungsbehörden
3. Feststellungen durch Polizeibeamte im Rahmen des Streifendienstes

4.4.1 Tatortarbeit durch die Polizei

In der Regel ist erst einmal die (Kriminal-)Polizei mit der Ermittlung von Sachverhalt und Täter befasst. „Polizeiliche Ermittlungen bei Umweltdelikten gestalten sich in vielerlei Hinsicht erheblich schwieriger als solche in anderen Bereichen. Die Besonderheiten sind vor allem gegeben durch die Abhängigkeit von Fachkenntnissen in Bereichen wie zum Beispiel Chemie, Physik, Biologie, Geologie und Technik, durch die Vielschichtigkeit der Problemstellungen, durch das erhöhte Erfordernis an Eigensicherung und durch die Komplexität der Bestimmungen aus dem Umweltverwaltungs- und Umweltstrafrecht." (BKA 2001:

39) Bei größeren Polizeibehörden (z.B.: PP Köln, PP München) sind deshalb spezielle Fachkommissariate eingerichtet worden, deren Kapazitäten aber begrenzt sind, sei es in personeller Hinsicht, aber auch bzgl. der Ausstattung. Das Bundeskriminalamt hat (v.a. für alle nicht spezialisierten Polizeikräfte) Empfehlungen herausgegeben, die sich z.b. mit den Erstmaßnahmen am Tatort befassen (vgl. BKA 2001: 40 ff.). Dabei wird aber auch gleich auf Folgendes hingewiesen: „Der Ort, an dem die Gewässerverunreinigung festgestellt wird, ist oft nicht deckungsgleich mit dem Ort, an dem der Täter gehandelt hat oder im Falle einer Unterlassung hätte handeln müssen." (BKA 2001: 39) Wäre die Ursache für den Säureeintrag bei der Firma SANDOZ nicht ein Brand gewesen (der ja ab einem gewissen Ausmaß kaum zu verbergen ist), sondern beispielsweise eine Leckage auf dem Betriebsgelände, hätte man dann den Verursacher / Täter tatsächlich (und so schnell) ermitteln können? Eine Selbstanzeige durch das Unternehmen (Unternehmensleitung bzw. Gewässerschutzbeauftragter nach §§ 64 ff. WHG) ist unwahrscheinlich, da einerseits Schadensersatzforderungen befürchtet werden müssen, andererseits aber vor allem auch ein Imageverlust droht. Strafverfolgungstechnisch sind damit folgende Maßnahmen von besonderer Bedeutung:

1. Sicherung der Beweismittel: „In Gewässern können durch Strömungen oder Verwirbelung Schadstoffe so weit verteilt werden, dass sie nicht mehr nachweisbar sind oder als solche nicht mehr erkennbar sind... Die Zusammensetzung eines Wassers ist keine Konstante. Sie kann sich unter den verschiedenstens Einflüssen mehr oder weniger rasch ändern. Deshalb wird in solchen Fällen, vor allem bei Fließgewässern, zunächst eine sofortige Probenahme empfohlen, auch wenn diese möglicherweise aus Mangel an richtigen Probenahmegefäßen nicht ganz korrekt ist." (BKA 2001: 42)

2. Schnelltest-Verfahren: „Der Einsatz von Schnelltests ist oft nur zur qualitativen Bestimmung sinnvoll, das heißt, sie ... helfen lediglich bei der analytischen Verdachtsgewinnung." (BKA 2001: 43). Mit Schnelltests können z.B. bestimmt werden:
   - pH-Wert
   - Sauerstoffgehalt
   - elektrische Leitfähigkeit
   - photometrisch bestimmbare Kationen und Anionen

Die Beweiskraft solcher Schnelltests im späteren Strafprozess ist minimal; eine Absicherung durch Laboruntersuchungen ist deshalb zwingend er-forderlich. Die Ergebnisse sind hauptsächlich für das weitere Vorgehen der Polizei im Rahmen ihrer Ermittlungen nützlich.

3. Probenahme: Bei der Probenahme kommt es auf
   a) das richtige Probenahmegefäß
   b) die richtige Probemenge
   c) den richtigen Entnahmeort
   und
   d) die richtige Entnahmetechnik
   an. Details dazu würden hier aber zu weit führen.
4. Vergleichsproben: „In vielen Fällen kann die Herkunft der Verunreinigung nur durch Vergleichsuntersuchungen mehr oder weniger sicher festgestellt werden. (…) Für derartige vergleichende Untersuchungen ist jedoch eine Grundvoraussetzung, dass die Vergleichsprobe repräsentativ ist." (BKA 2001: 47) Bei einem Fließgewässer muss in jedem Fall eine Vergleichsprobe oberhalb (also: vor) der vermuteten Eintrittstelle genommen werden und eine weitere unterhalb der Stelle, wo die Hauptprobe (s.o., Nr.3) entnommen wurde. Wichtig sind hier die genaue Angabe von Uhrzeit und Entfernung auf der Probe; auch die Fließgeschwindigkeit des Gewässers sollte geschätzt und notiert werden.
5. Probenlagerung und Versand: Nach den Probenahme müssen die Proben umgehend an eine Untersuchungsstelle geschickt werden. Wasserproben sollen dabei möglichst gekühlt (idealerweise bei +4° Celsius) werden, dürfen aber nicht eingefroren werden.
6. Sicherstellung von Fischen bei einem Fischsterben: „Häufig wird eine Gewässerverunreinigung erst durch ein Fischsterben bekannt. Die toten Fische sollen auch beprobt werden. Zwei Fische sind ausreichend. Fische in Aluminiumfolie einwickeln und umgehend bei -20° Celsius einfrieren und so bis zur Untersuchung lagern." (BKA 2001: 50)

4.4.2 Analyse der Wasserproben

Generell ist die Analyse einer Wasserprobe stets eine Momentaufnahme. Zwischen der Probenahme am Tatort und der Analyse in einem Labor werden in der Regel auch mehrere Stunden liegen. Während dieser Zeit können sich Parameter durch Reaktionen verändern (vgl. Knoch 1994: 218). Zwischen dem

Transport und der Analyse kommt die Aufbereitung der Probe. „Im Rahmen der Probenaufbereitung werden Maßnahmen getroffen, alle Einflüsse, die die eigentliche Bestimmung des entsprechenden Parameters stören können, zu beseitigen. Sie muß sehr sorgfältig und an das Problem angepaßt erfolgen." (Knoch 1994: 220) Bei der Analyse geht es um qualitative Bestimmungen (welche Stoffe sind im Wasser enthalten?); aber auch quantitative Aussagen (in welcher Konzentration liegt der Stoff vor?) sind – gerade unter dem bereits erörterten Aspekt der „Minima-Klausel" - von Interesse. Anders als bei der allgemeinen Bewertung von Gewässern geht es hier nicht um die Bestimmung von Wassergüte (Sabrobienindex, Wasserbeschaffenheit, Wasserpflanzen) oder Diversität (Artenfehlbetrag) – vgl. Uhlmann/Horn 2001: 454 f. - sondern um die Verifizierung eines bestimmten Tatverdachts. Eine Wasseranalyse kann in 6 Teilbereiche untergliedert werden (vgl. Knoch 1994: 227 ff.):

1. Organologische und sensorische Prüfung bzgl. Geruch, Geschmack, Färbung, Trübung
2. Physikalische und physikalisch-chemische Untersuchungen, d.h. Messung von Temperatur, Dichte, elektrischer Leitfähigkeit, Redoxpotential und pH-Wert
3. Bestimmung chemischer und biochemischer Summenparameter, d.h. Untersuchung auf abfiltrierbare und absetzbare Stoffe, Gesamtrückstand, Abdampfrückstand, Kationenaustausch, Wasserhärte, CSB, BSB, Toxizität, etc.
4. Bestimmung chemischer Gruppenparameter, wie Öle und Fette, Tenside, Phenole, Kohlenwasserstoffe, Halogenkohlenwasserstoffe und Komplexbildner
5. Bestimmung der gelösten Gase, wie z.B. Sauerstoff (O_2), Kohlenstoffdioxid (CO_2), Chlor (Cl), Schwefelwasserstoff (H_2S) oder Ammoniak (NH_3)
6. Bestimmung von Kationen und Anionen z.B. durch Methoden der Volumetrie oder der Gravimetrie

Als Ergebnis einer Gewässeranalyse kann das Gewässer einer der aktuell sieben bestehenden Gewässergüteklassen (I = unbelastet/sehr gering belastet bis IV = übermäßig verschmutzt; jeweils mit möglichen Zwischenstufen) zugeordnet werden (vgl. VDG 2011: 37). Zu erwarten ist bei den von der Polizei entnommenen Proben bestenfalls eine Einstufung in die Gewässergüteklasse II-III (kritisch belastet). Da es sich bei den Gewässern nach § 324 Abs.1 StGB ja nicht um Trinkwasser handelt, werden die verschiedenen Richt- und Grenzwerte für Trinkwasser (vgl. z.B. Griebler/Mösslacher 2003: 336 f.) vereinzelt überschritten sein. Darauf kommt es bei § 324 StGB aber auch nicht an. Entscheidend ist vielmehr die durch die Tathandlung eingetretene Verschlechterung im Vergleich zum Zustand vor der Tat. Nach der Rechtsprechung (vgl. Sack 2012: A 1.16 Rdnr.27) kann auch die bloße Veränderung der Gewässertemperatur ausreichend sein; eine Veränderung der Konzentrationen von beispielsweise Arsen (As) oder Quecksilber (Hg) wird hierdurch regelmäßig aber nicht erfolgt sein.

4.5 Das Problem der Eutrophierung (praktischer Fall)

Einige der bisherigen Ausführungen sollen nun an einem **praktischen Fallbeispiel** verdeutlicht werden.

4.5.1 Sachverhalt

Landwirt L hat einen Bauernhof und mehrere Felder, die er für den Eigenbedarf bestellt. Nachdem alle Felder gedüngt worden sind, hat er noch etwa 250 Liter Gülle in seinem Düngewagen (Tankwagen, der von einem Traktor gezogen wird). Da er keine Verwendung mehr für die Gülle hat und den Tankwagen für andere Zwecke benötigt, beschließt er, den Inhalt in den nahe gelegenen Dorfweiher zu entleeren. Der Weiher ist etwa 100 m² groß und durchschnittlich 80 cm tief. Beim Entleeren des Tankwagens wird L von einer zufällig vorbeikommenden Polizeistrafe beobachtet. Eine Erlaubnis o.ä. für das Einleiten besitzt L nicht.

4.5.2 Erläuterungen

Die Begriffe „Gülle", „Jauche" und „Mist" werden oft synonym verwendet, obwohl es verschiedene Dinge sind. „Als Gülle wird eine Mischung aus tierischen Harn und Kot verstanden, die teilweise zusätzlich mit Stroh, Torf oder Futterresten vermischt sind. Unter Jauche versteht man meist tierischen Harn mit nur geringfügigen Anteilen von Stroh, Torf und/oder Wasser. Demgegenüber werden als Mist tierische Fäkalien bezeichnet, die – gegebenenfalls in Verbindung mit Stroheinstreu – in fester Konsistenz aufgebracht werden." (Krell 2009: 328) Alle drei Arten gehören zu den sog. Wirtschaftsdüngern, die mit den Handelsdüngern, Klärschlämmen und Abwässern zusammen unter den Begriff der „Düngemittel" fallen (vgl. Linden 1993: 6 f.). „Von besonderer Bedeutung für die Düngung wegen ihrer Nährstoffgehalte an Stickstoff, Phosphat und Kali sind dabei ... Gülle und Jauche." (Linden 1993: 6) Weiher gehören zu den stehenden Gewässern und sind demzufolge oberirdische Gewässer (vgl. Schwoerbel 1993: 14).

4.5.3 Mögliche Auswirkungen auf das Gewässer

Durch das Einleiten der Gülle in den Weiher ist in dem Gewässer ein plötzliches Überangebot an Nährstoffen entstanden. In der Folge kann es zu einer sog. Eutrophierung kommen, d.h. „... eine Steigerung der pflanzlichen Primärproduktion, hervorgerufen durch eine Zunahme der Nährstoffkonzentration..." (Schwoerbel 1993: 284) Der Ablauf ist dabei (vgl. Schlungbaum/Selig 2008: 92):

1. Im Gewässer besteht ein hohes Nährstoffangebot, bedingt durch verstärkten Eintrag (s.o.) und einen geringen Substanzaustrag; man spricht hier auch von einer sog. „Phosphorfalle". Dies führt zu
2. einer steigenden organischen Produktion und damit zu
3. einem steigenden Sauerstoffverbrauch.
4. Eine periodisch anaerobe Sedimentoberfläche entsteht und führt zu
5. einer steigenden Entbindung von PO_4 (Phosphat) aus dem reduzierten Sediment.
6. Die Folge ist eine weitere Zunahme der organischen Produktion und damit
7. eine weitere Erhöhung des Sauerstoffverbrauchs.
8. Dies führt zu häufigeren Perioden reduzierter Sedimentoberfläche und damit wiederum zu einer steigenden Entbindung von PO_4 (Phosphat) aus dem reduzierten Sediment (vgl. Nr.5).
9. Die Abläufe der Nummern 5, 6, 7 und 8 wiederholen sich, obwohl keine weiteren Nährstoffe mehr von außen zugeführt werden. Man bezeichnet diesen Vorgang deshalb auch als „interne Düngung".

Die letztendliche Folge dieser Kette ist, dass durch den Mangel an Sauerstoff (der ja immer weiter verbraucht wird, vgl. Nr.7) die anaeroben Prozesse dominieren; man sagt, das Gewässer „kippt um". Dies bedeutet, dass es zu einer Entstehung von schwefelhaltigen und übelriechenden Faulgasen kommt. „Eine weitere Folge dieses zu niedrigen Sauerstoffgehalts ist neben dem Absterben der aeroben Mikroorganismen, die Grundlage der Selbstreinigungskraft natürlicher Gewässer sind, auch das Absterben der anderen höheren Organismen wie der meisten Wassertiere. Von einem absinkenden Sauerstoffgehalt sind als erstes

empfindliche Fischarten betroffen, aerobe Bakterien sind am unempfindlichsten."
(Danzig 2007: 25) Sofern also keine internen Restaurierungsmaßnahmen erfolgen (die zu einer schnellen Remesotrophierung des Gewässers führen; vgl. Schlungbaum/Selig 2007: 91) ist das Gewässer – volkstümlich ausgedrückt - „tot". Allgemeine lässt sich der Zustand eines Gewässers (oder Sees) mit Hilfe des Trophiesystems (wertfrei) beschreiben. Man unterscheidet dazu 4 Trophiegrade (vgl. Schlungbaum/Selig 2007: 90 f.):

- oligotroph: nährstoffarm, gering produktiv
- mesotroph: mäßig produktiv
- eutroph: nährstoffreich, hochproduktiv
- polytroph / hypertroph: übermäßig nährstoffreich, stark produktiv

Äußerlich erkennbar ist der Trophiegrad zumeist an der Sichttiefe: oligotroph: > 5 m ; mesotroph: > 2 m ; eutroph: < 2 m ; polytroph / hypertroph: < 1 m.

4.5.4 Rechtliche Würdigung

L könnte sich durch seine Handlung gem. § 324 Abs.1 StGB (Gewässerverunreinigung) bzw. nach § 326 Abs.1 Nr.4a StGB (unerlaubter Umgang mit Abfällen) strafbar gemacht haben.

4.5.4.1 Strafbarkeit gemäß § 324 Abs.1 StGB

Der Weiher ist ein Gewässer im Sinne des § 330d Nr.1 StGB und damit ein taugliches Tatobjekt. Ob das Einleiten der Gülle äußerlich zu erkennen ist, wäre hier Tatfrage. Bejaht man dies, so wäre die Tatbestandsalternative „Verunreinigen" erfüllt, da es zu einer nicht unerheblichen objektiven Verschlechterung der chemischen und biologischen Eigenschaften des Gewässers führt. Alternativ wäre die Tatbestandsalternative „sonstige nachteilige Veränderung der Eigenschaften" erfüllt. Die Tat ist bereits mit dem Einleiten der Gülle vollendet, da eine nachteilige Veränderung unmittelbar eingetreten ist. Es liegt auch kein Fall der „Minima-Klausel" vor, da 250 l Gülle bei einem geschätzten Volumen von 80 m^3 (= 80.000 l) Wasser nicht völlig unerheblich sind. Als „Mann vom Fach" handelte der L auch wenigstens bedingt vorsätzlich (sog. dolus eventualis), da er die Möglichkeit der nachteiligen Veränderung ernst nahm und sich mit ihr abfand (sog. „Ernstnahmetheorie", vgl. Jäger 2007: 55). Eine besondere Befugnis hatte der L nicht, er handelte somit „unbefugt". Besondere Rechtfertigungsgründe sind ebenso nicht erkennbar, wie Zweifel an der Schuld des L. Der L hat sich somit einer Gewässerverunreinigung gem. § 324 Abs.1 StGB strafbar gemacht.

4.5.4.2 Strafbarkeit gemäß § 326 Abs.1 Nr.4a StGB

Durch die gleiche Handlung könnte aber auch der Tatbestand des § 326 Abs.1 Nr.4a StGB erfüllt sein. Bezüglich des Merkmals „unbefugt", des Tatvorsatzes, der Rechtswidrigkeit und der Schuld gelten die im *Kapitel 4.5.4.1* gemachten Ausführungen. Die entscheidende Frage ist daher, ob die Gülle als Abfall i.S.d. § 326 Abs.1 StGB bzw. des § 3 Abs.1 KrW-/AbfG anzusehen ist. Obgleich dies von Landwirten nicht so gesehen wird, fällt Gülle unter den objektiven Abfallbegriff des KrW-/AbfG (vgl. Krell 2009: 333 und 331). Im übrigen decken sich die Formulierungen des § 326 Abs.1 Nr.4a StGB mit denen des § 324 Abs.1 StGB. Der L hat sich somit auch nach § 326 Abs.1 Nr.4a StGB strafbar gemacht.

4.5.4.3 Konkurrenzen

Werden durch eine Tathandlung gleichzeitig mehrere Tatbestände verwirklicht, so ist grundsätzlich Tateinheit (§ 52 StGB) anzunehmen. Ausnahmsweise liegt keine Tateinheit vor, wenn der Unrechtsgehalt des einen Delikts bereits in den anderen enthalten ist. Dann liegt ein Fall der sog. „Gesetzeskonkurrenz" (in Form von Spezialität, Subsidiarität oder Konsumtion) vor (vgl. Jäger 2007: 311 ff.). Nach der Rechtsprechung (vgl. Sack 2012: A 1.18 Rdnr.357) liegt hier ein Fall der Gesetzeskonkurrenz vor; § 326 Abs.1 Nr.4a StGB tritt damit hinter § 324 Abs.1 StGB zurück.

4.5.4.4 Strafmaß, Rechtsprechung

Der L hat sich einer Gewässerverunreinigung gem. § 324 Abs,1 StGB strafbar gemacht. Von einem „besonders schweren Fall einer Umweltstraftat" nach § 330 StGB kann man hier wohl nicht ausgehen. Wenn überhaupt vorstellbar, so könnten die Regelbeispiele der Nummern 1 oder 3 aus § 330 Abs.1 Satz 2 StGB erfüllt sein. Anhaltspunkte dafür liegen aber nicht vor. Der L kann somit zu einer Freiheitsstrafe bis zu 5 Jahren oder mit einer Geldstrafe bestraft werden. Eine Freiheitsstrafe von maximal 2 Jahren kann auch zur Bewährung ausgesetzt werden (§ 56 Abs.1 und 2 StGB). Je nach dem „strafrechtlichen Vorleben" (Einträge im Bundeszentralregister) des L dürfte hier eine Geldstrafe (5 bis 360 Tagessätze, § 40 Abs.1 StGB) im unteren Bereich tat- und schuldangemessen sein. Das LG Stade hatte in einem ähnlichen Fall (vgl. Sack 2012: A 1.16 Rdnr.254 m.w.N.) einen Landwirt zu einer Geldstrafe von 60 Tagessätzen verurteilt.

4.6 Bedeutung und Funktionsweise einer Kläranlage

4.6.1 Strafbarkeitsrelevanz

Nach der Rechtsprechung unterfällt Wasser in Leitungen, der Kanalisation oder in Kläranlagen nicht dem strafrechtlichen Wasserbegriff des § 324 StGB (vgl. Sack 2012: A 1.16 Rdnr.12 m.w.N.). Im obigen (*Kapitel 4.5*) Beispiel könnte das Einleiten der Gülle in die öffentliche Kanalisation also nicht den Tatbestand der Gewässerverunreinigung erfüllen. Nichts anderes kann dann für die Strafbarkeit nach § 326 Abs.1 Nr.4a StGB gelten. Abwasserbeseitigungsanlagen und Abwasserbehandlungsanlagen gehören zu den „dafür zugelassenen Anlagen" i.S.d. § 326 Abs.1 StGB (vgl. Sack 2012: A 1.18 Rdnr.233 m.w.N.); die Kanalisation ist logischer Bestandteil der o.g. Anlage. Die Gülle wurde damit nicht „außerhalb der dafür zugelassenen Anlage ... beseitigt". Auch die Strafbarkeit nach § 326 Abs.1 StGB scheidet damit aus. Möglicherweise liegt aber eine Ordnungswidrigkeit nach § 103 Abs.1 Nr.9 i.V.m. § 58 Abs.1 Satz 1 WHG vor.

Nach der Wertung des Gesetzgebers ist das Einbringen von Stoffen in die Kanalisation also grundsätzlich nicht strafbar, da hier ja noch eine Reinigung des Wassers ansteht. Auf die grundlegende Funktionsweise, sowie auf die technischen Grenzen einer Kläranlage wird in *Kapitel 4.6.2* eingegangen. Für den Fall, dass eine Kläranlage die in die Kanalisation eingebrachten Stoffe nicht zurückhalten kann (z.B. bei mit Schwermetallen befrachteten Industrieabwässern), kann ein strafbarer Versuch nach § 324 Abs.2 StGB vorliegen; zum Teil wird auch eine vollendete Tat nach § 324 Abs.1 StGB angenommen. Bei diesen Fällen der sog. „Indirekteinleiter" (vgl. zu dem Begriff § 58 Abs.1 Satz 1 WHG) kommt es stark auf die jeweiligen Umstände des Einzelfalls an (vgl. Sack 2012: A 1.16 Rdnr.12, 58 und 228a).

4.6.2 Funktionsweise einer Kläranlage

Nach der Vorstellung des Gesetzgebers werden also Abwässer, die in die öffentliche Kanalisation eingeleitet werden, in den kommunalen Kläranlagen (KKA) so gereinigt, dass das Einleiten keine strafbare Handlung darstellt. Auf detaillierte Ausführungen zum Aufbau der Kanalisation (vgl. Danzig 2008: 32 ff.)

wird hier verzichtet. Eine KKA ist üblicherweise in einen mechanischen und einen biologischen Teil gegliedert (Bank 2007: 144).

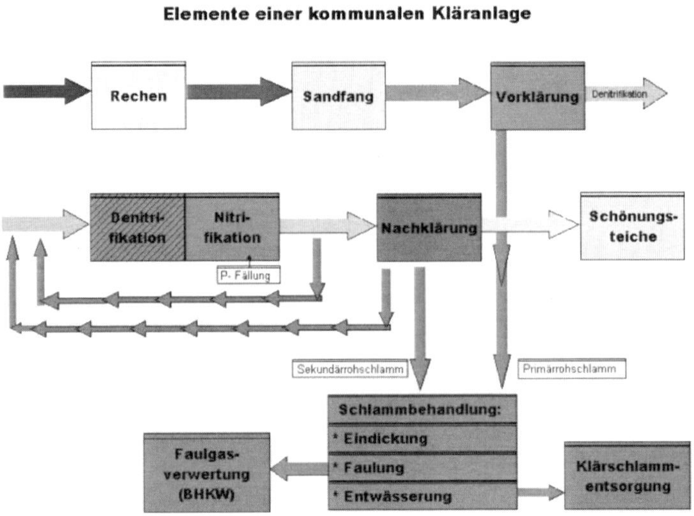

Elemente einer kommunalen Kläranlage

Rechen → Sandfang → Vorklärung → Denitrifikation

Denitrifikation | Nitrifikation → Nachklärung → Schönungsteiche
P-Fällung

Sekundärrohschlamm | Primärrohschlamm

Schlammbehandlung:
* Eindickung
* Faulung
* Entwässerung

Faulgasverwertung (BHKW) ← | → Klärschlammentsorgung

Abbildung 1: Elemente einer kommunalen Kläranlage (KKA)

Zum mechanischen Teil gehören in der Regel Einlauf, Rechen, Siebe, Sandfang und Vorklärbecken. „Die mechanische Vorbehandlung hat die Aufgabe, einerseits nachfolgende Ausrüstungen zu schützen (z.b. Pumpen vor ungelösten Abwasserbestandteilen) und andererseits den Gehalt des Abwassers an Feststoffen und damit auch den BSB des Abwassers zu reduzieren." (Danzig 2008: 38) Durch die Abscheidung (z.b. mittels Sedimentation oder Flotation) werden die abgeschiedenen Stoffe nicht verändert. Durch das Trennverfahren wird der Zulauf lediglich in einen partikelarmen und einen partikelreichen Teilstrom aufgetrennt (vgl. Bank 2007: 146). Die biologische Reinigung besteht aus den Komponenten biologische Stufe, Nachklärbecken, Filtration und Auslauf (vgl. Danzig 2008: 35). „Grundlage der biologischen kommunalen Abwasserbehandlung ist die Verstoffwechslung (Metabolisierung) der biologisch abbaubaren organischen Abwasserinhaltsstoffe durch Mikoorganismen. Die Abwasserinhaltsstoffe haben hierbei für die abbauenden Mikroorganismen Nährstoffcharakter. Daher darf die Konzentration der kohlenstoffhaltigen biologisch abbaubaren Wasserverunreinigungen auch nicht zu niedrig sein. (...) Der größte Vorteil biologischer Systeme liegt darin, dass man die genaue Zusammensetzung des Abwassers nicht kennen muss, um z.b. Chemikalien oder Katalysatoren in genau der richtigen Konzentration dem Abwasser hinzuzufügen. Voraussetzung ist aber in jedem Fall, dass die Abwasserinhaltsstoffe biologisch abbaubar sind." (Danzig 2008: 43 f.) Zu den technischen und den physikalisch-chemischen Einzelheiten darf auf die einschlägige Fachliteratur (z.B. Bank 2007: 153 ff.) verwiesen werden. Gleiches gilt auch für die weitergehende Reinigung durch Elimination von Phosphor und Stickstoffverbindungen (vgl. Danzig 2008: 55 ff.). Hauptursache der Phosphateinträge waren früher haushaltsübliche Wasch- und Reinigungsmittel. Auf der Grundlage des 1975 erlassenen Wasch- und Reinigungsmittelgesetzes (WRMG) wurde u.a. die Phosphathöchstmengenverordnung erlassen. Bezogen auf die „alten" Bundesländer konnte so die Phosphateinleitung über Waschmittel in häuslichen Abwässern von 42.000 t Phosphor (1975) auf ca. 2.000 t Phosphor (1993) pro Jahr gesenkt werden (vgl. Danzig 2007: 80). Die Phosphorentfernung geschieht durch Fällung oder durch biologische Phosphorentfernung ; die Stickstoffentfernung wird durch Nitrifikation und Denitrifikation herbeigeführt (vgl. Danzig 2008: 55 ff.). Das Reinigungsvermögen von Kläranlagen hat in stofflicher, wie auch in mengenmäßiger Hinsicht Grenzen. In München bestimmt beispielsweise § 16 der Entwässerungssatzung vom 14.02.1980, welche Stoffe in die öffentliche Kanalisation eingebracht werden dürfen. Die Satzung ist bußbeldbewehrt (vgl. § 37 Entw.Satzung i.V.m. dem OwiG).

4.7 Sonderproblem: Die Feuerwehr im Löscheinsatz

Grundsätzlich kann sich Jedermann nach § 324 Abs.1 StGB strafbar machen, der die dort genannte Tathandlung begeht (vgl. L/K 2011: § 324 Rdnr.1). Betrachtet man auszugsweise die Rechtsprechung zu § 324 StGB (vgl. Sack 2012: A 1.16 Rdnr.254), so werden die Delikte überwiegend durch Seeleute, Landwirte oder Firmeninhaber begangen. Überraschend scheint daher die Frage danach zu sein, ob auch die Feuerwehr als Täter gem. § 324 Abs.1 StGB in Betracht kommt. Als im März 2012 ein Feuer bei einem Chemiewerk im bayerischen Gendorf (Landkreis Altötting) ausbracht, berichtete die SÜDDEUTSCHE ZEITUNG in ihrer Ausgabe vom 10.03.2012: „Nach einem Brand im Kreis Altötting ist offenbar verseuchtes Löschwasser in die Alz gelangt. Tausende tote Fische treiben auf dem Fluss." Einige Tage später wurde zwar durch die zuständigen Behörden die

„Löschwasser-Theorie" wieder verworfen; Tatsache ist aber, dass im Zusammenhang mit dem Brand bis zu 800 kg der Chemikalie „Genamin LA 302 D" in den Fluss gelangten. Genamin gehört zu den sog. Fettaminen und hat eine äußerst toxische Wirkung auf Wasserorganismen. Der Fall konnte bis dato nicht vollständig aufgeklärt werden. Generell kann die Feuerwehr aber im Rahmen der Löscharbeiten auf zwei Wegen zur Verunreinigung eines Gewässers beitragen:

1. Das (in der Regel) saubere Löschwasser gelangt auf das Brandgut und nimmt dort Schadstoffe auf. Je nach Lage des Brandobjektes fließt das verschmutzte Wasser dann in die Kanalisation, läuft (wie im obigen Beispiel) in ein angrenzendes Gewässer oder versickert im Boden (dann ist ggf. eine Strafbarkeit nach § 324a StGB gegeben).

2. Die Feuerwehr setzt beim Löschen Schaummittel oder Löschpulver ein, das dann - in Verbindung mit dem ebenfalls eingesetzten Löschwasser – Boden, Luft oder Gewässer verunreinigt.

Sofern die Feuerwehr dabei „lege artis" (also taktisch und technisch korrekt) gehandelt hat, wird im Fall der Nr.1 eine Strafbarkeit schon deshalb entfallen, weil ein Rechtfertigungsgrund (§§ 32 oder 34 StGB) gegeben ist. Nur in seltenen Ausnahmefällen wird das sog. kontrollierte Abbrennenlassen eine ernsthafte Alternative zum Ablöschen mit Wasser darstellen; zumindest eine Strafbarkeit nach § 325 Abs.1 und 2 StGB scheidet aber aus, da hier keine Anlage betrieben wird. Problematisch ist die Verwendung von Löschschaum, insbesondere von sog. „AFFF" oder „A3F" Schaummittel (vgl. Schulte 2012: 643). Die Abkürzung steht für „Aqueous Film Forming Foam" (also „wasserfilmbildendes Schaummittel"); bekannter ist dafür die Bezeichnung „Light Water". A3F bildet einen wasserhaltigen Film zwischen Schaum und der brennbaren Flüssigkeit, d.h. es eignet sich insbesondere zur Bekämpfung von Bränden unpolarer Flüssigkeiten (wie z.B. Öl oder Kraftstoff). A3F gibt es auch in alkoholbeständiger Form, erkennbar an dem angehängten Kürzel „-AR" (für „alcohol resistant"). Früher enthielt A3F Fluortenside (perfluorierte Tenside, PFT), die zum einen persistent sind, teilweise aber auch bioakkumulierend. Zwar hat hier eine Weiterentwicklung stattgefunden, so dass die A3F aktuell nur sog. C6-Telomere enthalten, von denen keine toxische Wirkung ausgehen soll. Viele Feuerwehren haben aber noch das „alte A3F" in ihren Beständen. Nach § 18 der Gefahrstoffverordnung vom 23.12.2004 (GefStoffV, BGBl. 2004 I, S.3758) bestand für die in Anhang IV aufgeführten Stoffe ein Herstellungs- und auch ein Verwendungsverbot. Unter Nr. 32 des Anhangs IV war auch PFOS (Perfluoroctansulfonate) aufgeführt. Gemäß

Abs.3 des Anhang IV Nr.32 durften aber PFOS-haltige Feuerlöschschäume, die vor dem 27.12.2006 in den Verkehr gebracht wurden, bis zum 27.06.2011 weiter verwendet werden. Seit dem 26.11.2010 gibt es im übrigen eine neue Gefahrstoffverordnung (BGBl. 2010 I, S.1643 f.). In strafrechtlicher Hinsicht sind hier noch einige Fragen offen; Urteile gibt es dazu bislang nicht. In einer das Abfallrecht betreffenden Entscheidung hat das OVG Münster im Jahre 2011 entschieden, „... dass der Anfall des kontaminierten Löschwassers als Abfall dem Betrieb zuzurechnen ist. Die für die Entstehung des Abfalls maßgebliche Ursache ist von dem Unternehmen gesetzt worden. Zwar hat die Feuerwehr das Wasser zum Löschen des Brandes eingesetzt, ohne dass der Betrieb hierauf und auf die sonstigen Maßnahmen der Brandbekämpfung und zur Abwehr der von dem Löschwasser ausgehenden Umweltgefahren Einfluss gehabt (hat) [Ergänzung durch Verfasser]. Jedoch ist der Brand, der zum Einsatz der Feuerwehr geführt hat, durch die betriebliche Tätigkeit ausgelöst worden." (vgl. Otto 2012: 308) Dies kann aber auch nur so weit gelten, als die Feuerwehr nicht bereits „den Abfall mitgebracht" hat (wie beim Gebrauch von A3F). Umweltgefährdende Löschmittel sollten deshalb von keiner Feuerwehr mehr vorgehalten oder verwendet werden.

4.8 Fazit

Wasser gehört zu den wichtigsten und kostbarsten Umweltmedien. Entsprechend restriktiv sollten Verstöße gegen § 324 StGB gehandhabt werden. Gerade die Landwirtschaft nimmt eine zentrale Stellung bei dieser Problematik ein.

5 Zusammenfassung, Bewertung, Ausblick

Das Umweltstrafrecht in seiner heutigen Form hat die Erwartungen klar verfehlt, die 1980 hiermit verbunden worden waren. Einige der Schwachstellen sind „hausgemacht", d.h. Schwächen im Gesetz selber. Andere Defizite sind systematisch bedingt. Potential liegt aber auch in Bereichen, die außerhalb der Juristerei befindlich sind. Das Nachbessern der bestehenden Regelungen zu den Umweltdelikten (§§ 324 ff. StGB) wäre damit nur ein denkbarer Lösungsansatz.

5.1 Defizite des bestehenden Systems

Es lassen sich eine Reihe von Gründen dafür finden, warum das Umweltstrafrecht als unbedeutend oder als wirkungslos bezeichnet werden kann:

1. Selbst unter Juristen ist die Materie weitgehend unbekannt; in der juristischen Ausbildung wird der Bereich oftmals nur beiläufig erwähnt. Berichte in den Medien über Strafprozesse in Umweltsachen fehlen fast völlig. Im Bewusstsein der Bürger sind Taten wie Gewässerverunreinigungen oder (illegaler) Abfalltransport kein kriminelles Unrecht, sondern – wenn überhaupt - „Kavaliersdelikte". Hier fehlen nicht zuletzt auch die Kenntnisse über die chemischen und physikalischen Wirkungszusammenhänge.

2. Ohne entsprechende Kenntnisse im Besonderen Verwaltungsrecht (Wasserrecht, Immissionsschutzrecht, Abfallrecht, etc.) sind die Vorschriften der §§ 324 ff. StGB nicht verständlich. Die Textlänge einzelner Regelungen (z.B. §§ 326, 328, 329 StGB) trägt weder zur Übersichtlichkeit, noch zum besseren Verständnis der Inhalte bei.

3. Die Minima-Klausel in § 326 Abs.6 StGB ist einerseits bereits im Wortlaut misslungen („wegen der geringen Menge"), müsste aber auch sinngemäß für andere Delikte (§§ 324-325a StGB) gelten. Der ausdrückliche Ausschluss von Kraftfahrzeugen, Schienen-, Luft- und Wasserfahrzeugen in § 325 Abs.7 und § 325a Abs.4 StGB ist unnötig (sofern die Fahrzeuge ordnungsgemäß zugelassen sind und sachgerecht betrieben werden).

4. Die Regelungen der §§ 325a, 326, 327 und 328 StGB sind so speziell, dass sie im Nebenstrafrecht (AtomG, BImSchG, usw.) besser platziert wären.

5. Die Beschränkung auf Anlagen beim Schutz vor Lärm und Erschütterung in § 325a StGB ist verfehlt.

6. Die Tatbestandsmerkmale der Verwaltungsakzessorietät („unbefugt", „ohne die erforderliche Genehmigung", etc.) sind missverständlich. Die Verwaltungsakzessorietät ist Teil der Rechtswidrigkeitsprüfung.
7. Das offensichtlich bestehende Vollzugsdefizit erfordert aktive, breit angelegte Gegenmaßnahmen.
8. Die Trennlinie zwischen Strafrecht und Ordnungswidrigkeitenrecht ist nicht immer klar erkennbar. Dadurch wird auch die Funktion des Strafrecht als „ultima ratio" in Frage gestellt.

5.2 Erhaltenswerte Regelungen

Nicht alles im bestehenden System ist schlecht. Die Verwaltungsakzessorietät als solches ist nicht zu beanstanden; auch eine „Selbstentmachtung des Strafgesetzgebers" ist damit nicht verbunden. Die gewählten Strafrahmen sind – v.a. im Quervergleich zu anderen Delikten – angemessen gesetzt; die Ausschöpfung der gegebenen Möglichkeiten in der Praxis ist jedoch eher mangelhaft (s.u.).

5.3 Optimierungsansätze

Aus den Ausführungen in *Kapitel 5.1* ergeben sich eine Reihe von Ansätzen, wie man die bestehende Situation verbessern könnte. Einige dieser Ansätze betreffen den Bereich der (Straf-)Gesetzgebung, anderen gehen über diesen Bereich hinaus.

5.3.1 Gesetzgebung und Gesetztesvollzug

Seit 1980 werden immer wieder zwei Extrempositionen zum Thema „Optimierung des Umweltstrafrecht" vertreten:
    a) dessen vollständige Abschaffung, d.h. die Wiederherstellung des Zustands von vor dem Jahr 1980
    und
    b) eine weitere Verschärfung des bestehenden Rechts.

Inzwischen besteht ja weitgehend Einigkeit darüber, dass die Aufnahme der Umweltdelikte in das StGB grundsätzlich richtig war. Die Vorschriften ohne triftigen Grund wieder aus dem StGB zu entfernen, wäre also in jedem Fall der falsche Weg. „Die Abschaffung oder auch nur ein deutlicher Rückzug des Umweltstrafrechts hätte eine geradezu verheerende Signalwirkung..." (Bloy 1997: 587)

Eine weitere Verschärfung des Umweltstrafrechts, d.h. ein „more of the same" (Bohne 2005: 27) ist bereits 1994 durch das 2. UKG erfolgt. Weitere Verschärfungen der Strafrahmen wären insgesamt systemwidrig. Ob die unten aufgeführten (*Kapitel 5.3.1.2*) Änderungen im Gesetzestext selber eine „Verschärfung" darstellen, ist eine individuell zu beantwortende Wertungsfrage.

5.3.1.1 Das StGB als Ort für Umweltdelikte

Grundsätzlich ist das StGB als sog. „Kernstrafrecht" der passende Ort für die Umweltdelikte. Noch geeigneter wäre allerdings ein Umweltgesetzbuch (UGB), das ja einst bereits geplant war (vgl. *Kapitel 1.6*). Die Aufnahme der umweltstrafrechtlichen Bestimmungen in ein einheitliches UGB wurde aber bislang abgelehnt. „Die Sachverständigenkommission zum Umweltgesetzbuch hat in diesem Zusammenhang der Überzeugung Ausdruck verliehen, dass das Strafgesetzbuch der bessere Standort für das Umweltstrafrecht ist und dies vor allem mit der generalpräventiven Wirksamkeit des Kernstrafrechts begründet." (Rogall 2001: 89) Diese Argumentation ist so nicht nachvollziehbar. Das weitere politische Schicksal eines UGB ist ungewiss. Die Aufnahme der Umweltdelikte in das UGB sollte aber nicht aus den Augen verloren werden.

5.3.1.2 Neugestaltung eines Gesetzestextes für Umweltdelikte

Bereits 1971 gab es einen sog. Alternativentwurf zum StGB (AE-StGB), der in den §§ 151 ff. unter dem Oberbegriff „Personengefährdung" z.B. die Gewässerverunreinigung, die Luftverunreinigung oder die „Gefährdung durch Lärm" regelte (vgl. auch *Kapitel 1.4*). Auch der vom Rechtsausschuss des Deutschen Bundestags im April 1979 beauftragte Sachverständige Otto TRIFFTERER legte einen sog. „Gegen-Entwurf" (Triffterer 1980: 266 ff.) zum 1. UKG vor. Zudem gab es auch spezielle Vorschläge für Teilbereiche des Umweltstrafrechts, wie z.B. das Gewässerstrafrecht (vgl. Braun 1990: 267 f.).

Im *Anhang F* findet sich ein Vorschlag für ein deutlich verbessertes Umweltstrafrecht, wie es z.B. in einem „Umweltgesetzbuch in Planung" (hier: §§ 401 ff. UGB-P) aufgenommen werden könnte. Verglichen mit den Regelungen in den heutigen §§ 324 ff. StGB ergeben sich dazu folgende Änderungen:

1) Anlagen- und Strahlenschutzdelikte sind nicht mehr vertreten; diese finden sich in Spezialgesetzen wieder. Das Gesetz (hier: UGB-P) wird dadurch übersichtlicher und verständlicher.

2) Die verwaltungsakzessorischen Tatbestandsmerkmale wurden entfernt. Befugnisse etc. wirken nur als Rechtsfertigungsgründe auf der Ebene der Rechtswidrigkeit.

3) Die Definition von „Gewässer" findet sich gleich in § 401 (Abs.5) UGB-P.

4) Auch direkter von Menschen verursachter Lärm (Stichwort: sog. „Vuvuzela-Tröten" bei der Fussball-Weltmeisterschaft 2010) ist nun von § 404 UGB-P erfasst.

5) Die sog. „Minima-Klausel" ist in § 406 UGB-P für alle Delikte (§§ 401-404 UGB-P) verankert. Für Sach- und Umweltschäden wurde eine Geringfügigkeitsgrenze von 10.000 € festgeschrieben.

6) Mit § 407 UGB-P wurde eine Amtsträgerstrafbarkeit eingeführt, allerdings nur, sofern hier eine Garantenstellung aus Aufsichts- oder Überwachungspflichten besteht. Der besonders interessierte Leser findet dazu im *Anhang G* Ausführungen zu der damit verbundenen Thematik im sog. „Gefangenen-Dilemma". Die Amtsträger von reinen Genehmigungsbehörden sollen davon aber ebenso wenig betroffen sein, wie z.B. die Betriebsbeauftragten für Abfall nach § 54 KrW-/AbfG oder die Gewässerschutzbeauftragten nach §§ 64 ff. WHG.

5.3.1.3 Sonstige rechtlichen Änderungen

Durch den o.g. § 406 UGB-P werden echte Bagatelldelikte nur mehr auf Antrag (oder bei Vorliegen eines besonderen öffentlichen Interesses) verfolgt. Damit „… ist endlich die Spreu vom Weizen zu trennen, und Bagatellkriminalität dorthin zu verweisen, wo sie hingehört: in das Ordnungswidrigkeitenrecht." (Kim 2004: 231) Das Ordnungswidrigkeitenrecht müsste dann aber entsprechend nachgebessert werden. Forderungen nach einer gesetzlichen Beweislastumkehr oder nach einer unternehmerischen Gefährdungshaftung (vgl. Brahms 1994: 160 m.w.N.) klingen zwar (durchaus) verlockend, dürften aber so nicht durchsetzbar sein. Naheliegender erscheint daher die Erkenntnis, „… daß ein wirksamer Umweltschutz zunächst einmal eine Verbesserung bzw. praktische Effektuierung des Umweltverwaltungsrechts voraussetzt." (Brahms 1994: 161) Möchte man also an der Verwaltungsakzessorietät weiter festhalten, so liegt das größte Optimierungspotential bei Umweltstraftaten (im Vorfeldbereich) bei den zuständigen Verwaltungsbehörden.

Sinnvoll und auch dringend angezeigt wäre z.B. eine Änderung bzw. Erweiterung von § 112a StPO (siehe *Anhang D*). Da dort keines der Delikte aus den §§ 324 ff.

StGB (auch nicht der „Besonders schwere Fall einer Umweltstraftat" nach § 330 StGB) genannt ist, muss z.b. ein Unternehmer, der in erheblichem Umfang und über längere Zeit illegal Müll entsorgt, keinen Haftbefehl wegen Wiederholungsgefahr fürchten.

5.3.1.4 Änderungen in der Strafverfolgung und in der Rechtsprechung

Der Anteil an eingestellten Strafverfahren bei Umweltdelikten ist zu hoch; teilweise können die Delikte auch gar nicht richtig ermittelt werden. Notwendig wäre also ein bessere personelle und sachliche Ausstattung der Polizei (in Form von speziellen Umweltdezernaten) und auch der Staatsanwaltschaften. Der Anteil an verhängten Freiheitsstrafen ist ebenfalls steigerungsfähig; deren Vollzug wird in der Regel zur Bewährung ausgesetzt (§ 56 StGB). Vom Gericht verhängte Geldstrafen (§§ 40 ff. StGB) sollten mindestens denjenigen Wert erreichen, den sich der Täter durch seine Tat an Kosten (z.B. für eine Genehmigung) erspart hat.

5.3.2 Sonstige Bereiche

Auch Aufgabe der Gesetzgebung, aber auch Teil der Soziologie und der Politikwissenschaft wäre folgende Überlegung: wenn ein Gesetz a) nahezu Niemandem bekannt ist und b) nicht sonderlich ernst genommen wird, dann hängt das wohl einerseits mit dem Phänomen einer „allgemeinen Politikverdrossenheit" zusammen (kaum Interesse an der Politik insgesamt, geringe Wahlbeteiligung, Gesetze werden als Werk von Lobbyisten angesehen, etc.), ist aber auf der anderen Seite auch Ausfluss unseres derzeitigen Gesetzgebungssystems. Gerade hier im Bereich des Umweltstrafrechts wäre es ein interessantes Experiment, das Zustandekommen eines Gesetzes nicht „top down", sondern „bottom up" zu vollziehen. In der Konsequenz würde das auf ein Bürgerbegehren bzw. ein Volksbegehren auf Bundesebene abzielen. Kritiker sehen hier aber nicht nur verfassungsrechtliche Probleme und Bedenken. Im Bereich der Strafverfolgung bzw. des Strafvollzugs wird die Funktion der Judikative teilweise auch durch die Presse oder von NGOs eingenommen. Als die Firma SHELL beispielsweise die Ölplattform „BRENT SPAR" im Jahre 1995 im Atlantik versenken wollte, wurden die Tankstellen des Unternehmens so lange boykottiert, bis SHELL sein Vorhaben schließlich wieder aufgab. Wie zu Zeiten von „Pfisters Mühle" (siehe *Kapitel 1.3*) nehmen die modernen Medien hierbei eine Schlüsselposition ein. Ein anderer Aspekt wäre der Bereich der Bildung. Junge Menschen werden zwar mit Vollendung des 14. Lebensjahres strafmündig (vgl. § 19 StGB); in den meisten Lehrplänen der 8. und 9. Klassen fehlen aber derartige Inhalte (strafrechtliche Verantwortung, Sinn der Vorschriften, etc.) völlig. Hierzu wären also die Bereiche Umweltbildung und Schulpolitik der Länder gleichermaßen gefordert. Überhaupt sollte wieder verstärkt an die Vernunft der Bürger appelliert werden, da hierdurch auch reaktantes Verhalten eher vermieden werden kann. Mit dem Begriff „Reaktanz" wird ein innerer Widerstand gegen Einschränkungen der eigenen Handlungsfähigkeit durch Verbote bezeichnet; dieser Widerstand fördert die Tendenz, nun gerade das zu tun, was man eigentlich nicht tun sollte (vgl. Tewes/Wildgrube 1999: 307). Ein gelungenes Beispiel dafür ist das nachfolgende „Verbotsschild", aufgenommen in Konstanz am Bodensee:

Abbildung 2: Modernes Verkehrsschild in Konstanz am Bodensee

Das Strafrecht könnte dadurch wieder als „echte ultima ratio" fungieren.

5.4 Abschlussbemerkung

Das Strafrecht ist in vielen Bereichen (man denke nur an die aus Fernsehkrimis bekannte Rechtsmedizin bei Tötungsdelikten) auf andere Wissenschaften angewiesen, ist also interdisziplinär ausgerichtet. Für das Umweltstrafrecht gilt dies in besonderem Maße. In vielen Punkten ist das bestehende Umweltstrafrecht verbesserungsfähig. Der Bereich des Verwaltungsrechts spielt hierbei eine eben so große Rolle, wie z.B. die Umweltbildung. Menschliches Konsumverhalten und Globalisierung fordern tagtäglich ihren Preis. Eine klare Grenzziehung zwischen (gerade noch) erlaubtem umweltschädigenden Verhalten und dem Beginn der Strafbarkeit ist bislang nicht gelungen. Hier wäre verstärkt der Gesetzgeber gefordert. Zu befürchten ist, dass europäische und weltweite Wirtschaftskrisen keinen Raum für den „Luxus Umweltschutz" lassen könnten. Die Verzahnung von Politik und Wirtschaft ist ebenfalls keine günstige Basis für tiefgreifende Veränderungen im Umgang mit der Natur (Motto: „Wer die Regeln setzt, hat die Macht", Radermacher/Bayers 2007:98). Hilfreiche wären schon kleinere Veränderungen, die aber auf mehreren Gebieten parallel – und aufeinander abgestimmt – erfolgen müssen. Ideen und Ansätze hat die vorliegende Arbeit aufgezeigt. Deren Umsetzung geht uns Alle an – und sie duldet wenig Aufschub.

Literatur- und Quellenverzeichnis:

Hinweis: Im Text verwendete Kurzformen sind in eckigen Klammern angegeben.

- Aicher-Hadler, Gabriele 2007 in: Höpfel, Frank / Ratz, Eckart: Wiener Kommentar zum Strafgesetzbuch – StGB, Loseblattsammlung Stand: 38. Lieferung, Wien, Manz Verlag

- Andersen, Arne 1994: Historische Technologiefolgenabschätzung. Das Beispiel des Metallhüttenwesens und der Chemieindustrie, in: Abelshauser, Werner (Hg.): Umweltgeschichte. Umweltverträgliches Wirtschaften in historischer Perspektive, Göttingen, Vandenhoeck & Ruprecht, S.76-105

- Bank, Matthias 2007: Basiswissen Umwelttechnik, Würzburg, Vogel Buchverlag

- Beck, Ulrich 1986: Risikogesellschaft. Auf dem Weg in eine andere Moderne, Frankfurt am Main, Suhrkamp Verlag

- [BKA] Bundeskriminalamt (Hg.) 2001: Bekämpfung der Umweltkriminalität, Neuwied und Kriftel, Luchterhand Verlag

- Bloy, René 1997: Umweltstrafrecht: Geschichte – Dogmatik – Zukunftsperspektiven, in: Juristische Schulung, 37, 7, S.577-587

- Bohne, Kerstin 2005: Der strafrechtliche Umweltschutz zwischen Anspruch und Wirklichkeit. Ziele, Umsetzung, Struktur und Effizienzkritik, München, Grin Verlag

- Brahms, Katrin 1994: Definition des Erfolges der Gewässerverunreinigung, Baden-Baden, Nomos Verlagsgesellschaft

- Braun, Annette 1990: Die kriminelle Gewässerverunreinigung (§ 324 StGB), Lübeck, Verlag Max Schmidt-Römhild

- Bräutigam-Ernst, Stephanie 2010: Die Bedeutung von Verwaltungsvorschriften für das Strafrecht, Baden-Baden, Nomos Verlagsgesellschaft

- Brüggemeier, Franz-Josef / Rommelspacher, Thomas 1992: Blauer Himmel über der Ruhr. Geschichte der Umwelt im Ruhrgebiet 1840-1990, Essen, Klartext Verlag

- Busch, Ralf / Iburg, Ulrich 2002: Umweltstrafrecht, Berlin, Berliner Wissenschaftsverlag

- Buschmann, Arno 1998: Textbuch zur Strafrechtsgeschichte der Neuzeit. Die klassischen Gesetze, München, Verlag C.H.Beck

- Danzig, Joachim 2007: Wasser und nachhaltige Wasserwirtschaft, Hagen, Skript der FernUniversität in Hagen

- Danzig, Joachim 2008: Abwasser, Hagen, Skript der FernUniversität in Hagen

- Daxenberger, Matthias 1997: Kumulationseffekte. Grenzen der Erfolgszurechnung im Umweltstrafrecht, Baden-Baden, Nomos Verlagsgesellschaft

- Denkler, Horst 2009: Nachwort zu: Wilhelm Raabe: Pfisters Mühle. Ein Sommerferienheft, Stuttgart, Verlag Philipp Reclam jun., S.225-251 und Rückseite

- [DESTATIS] Statistisches Bundesamt 2012: www.destatis.de/DE/ Publikationen/Thematisch/Rechtspflege/StrafverfolgungVollzug/ Strafverfolgung.html (20.06.2012)

- Ernst, Andreas M. 1997: Ökologisch-soziale Dilemmata, Hagen und Oberhausen, Skript der FernUniversität in Hagen

- Feldhaus, Gerhard 2001: Zur Geschichte des Umweltrechts in Deutschland, in: Dolde, Klaus-Peter: Umweltrecht im Wandel, Berlin, Erich Schmidt Verlag, S.15-43

- Felix, Dagmar 1998: Einheit der Rechtsordnung. Zur verfassungsrechtlichen Relevanz einer juristischen Argumentationsfigur, Tübingen, Verlag Mohr Siebeck

- Franzheim, Horst / Pfohl, Michael 2001: Umweltstrafrecht. Eine Darstellung für die Praxis, Köln et.al., Carl Heymanns Verlag

- Griebler, Christian / Mösslacher, Friederike (Hg.) 2003: Grundwasser-Ökologie, Stuttgart, UTB-Verlag Facultas

- Haller, Klaus / Contzen, Klaus 2008: Das Strafverfahren. Eine systematische Darstellung mit Originalakte und Fallbeispielen, Heidelberg, C.F.Müller Verlag

- Heger, Martin 2009: Die Europäisierung des deutschen Umweltstrafrechts, Tübingen, Verlag Mohr Siebeck

- Heine, Günter 1989a: Umweltbezogenes Recht im Mittelalter, in: Herrmann, Bernd (Hg.): Umwelt in der Geschichte, Göttingen, Vandenhoeck & Ruprecht, S.111-128

- Heine, Günter 1989b: Zur Rolle des strafrechtlichen Umweltschutzes. Rechtsvergleichende Beobachtungen zu Hintergründen, Gestaltungsmöglichkeiten und Trends, in: Zeitschrift für die gesamte Strafrechtswissenschaft, 101, 3, S.722-755

- Hof, Hagen 2001: Zugänge zur Geschichte des deutschen Umweltrechts, in: Dorn, Franz / Schröder, Jan (Hg.): Festschrift für Gerd Kleinheyer zum 70. Geburtstag, Heidelberg, C.F.Müller Verlag , S.227-270

- Jäger, Christian 2007: Examens-Repetitorium Strafrecht Allgemeiner Teil, Heidelberg, C.F.Müller Verlag

- Jarass, Hans D. 2007 in: Jarass, Hans D. / Pieroth, Bodo: Grundgesetz für die Bundesrepublik Deutschland. Kommentar, München, Verlag C.H.Beck

- Joecks, Wolfgang 2007: Strafgesetzbuch. Studienkommentar, München, Verlag C.H.Beck

- Kim, Jae-Yoon 2004: Umweltstrafrecht in der Risikogesellschaft. Ein Beitrag zum Umgang mit abstrakten Gefährdungsdelikten, Göttingen, Cuvillier Verlag

- Kim, Seong-Eun 2009: Neue Tatbestandstypen im Umweltstrafrecht. Zu Möglichkeiten und Grenzen des strafrechtlichen Umweltschutzes, Köln und München, Carl Heymanns Verlag

- Klenke, Dietmar 1994: Bundesdeutsche Verkehrspolitik und Umwelt. Von der Motorisierungseuphorie zur ökologischen Katerstimmung, in: Abelshauser, Werner (Hg.): Umweltgeschichte. Umweltverträgliches Wirtschaften in historischer Perspektive, Göttingen, Vandenhoeck & Ruprecht, S.163-190

- Kloepfer, Michael 1994: Zur Geschichte des deutschen Umweltrechts, Berlin, Verlag Duncker & Humblot

- Kloepfer, Michael 2001: Aspekte eines Umweltstaates Deutschland – eine umweltverfassungsrechtliche Zwischenbilanz, in: Dolde, Klaus-Peter: Umweltrecht im Wandel, Berlin, Erich Schmidt Verlag, S.745-765

- Kloepfer, Michael 2011: Umweltschutzrecht, München, Verlag C.H.Beck

- Kluge, Thomas / Schramm, Engelbert 1986: Wassernöte. Umwelt- und Sozialgeschichte des Trinkwassers, Aachen, Alano-Verlag

- Knoch, Winfried 1994: Wasserversorgung, Abwasserreinigung und Abfallentsorgung. Chemische und analytische Grundlagen, Weinheim et.al., VCH Verlagsgesellschaft

- Knopp, Lothar 1994: Zur Strafbarkeit von Amtsträgern in Umweltverwaltungsbehörden unter besonderer Berücksichtigung der BGH-Rechtsprechung, In: Die Öffentliche Verwaltung, 47, 8, S.676-684

- [Kommentar StGB-DDR] Strafrecht der Deutschen Demokratischen Republik. Kommentar zum Strafgesetzbuch 1987, Berlin, Staatsverlag der Deutschen Demokratischen Republik

- Krell, Paul 2009: Der Umgang mit Gülle, Jauche und Mist als umweltstrafrechtliches Problem, in: Natur und Recht, 31, 5, S.327-333

- Krüger, Freyja 1995: Die Entstehungsgeschichte des 18. Strafrechtsänderungsgesetzes zur Bekämpfung der Umweltkriminalität, Dissertation, Westfälische Wilhelms-Universität Münster

- Kümmel, Rolf / Papp, Sándor 1988: Umweltchemie – Eine Einführung, Leipzig, Deutscher Verlag für Grundstoffindustrie

- Kummert, Robert 1992: Gewässer als Ökosysteme. Grundlagen des Gewässerschutzes, Zürich, Verlag der Fachvereine

- [L/K] Lackner, Karl / Kühl, Kristian 2011: Strafgesetzbuch. Kommentar, München, Verlag C.H.Beck

- Linden, Werner 1993: Gewässerschutz und landwirtschaftliche Bodennutzung. Dargestellt am Beispiel der Düngung unter besonderer Berücksichtigung der Nitratproblematik, Heidelberg, R.v.Decker´s Verlag

- Lübbe-Wolf, Gertrude 1990: Wasserrecht und Wasserwirtschaft in der Deutschen Demokratischen Republik, in: Deutsches Verwaltungsblatt, 105, 16, S.855-864

- Meurer, Dieter 1988: Umweltschutz durch Umweltstrafrecht?, in: Neue Juristische Wochenschrift, 41, 34, S.2065-2071

- Miller, Alexander 2003: DasUmweltstrafrecht im Königreich Spanien und der Bundesrepublik Deutschland, Berlin et.al., LIT-Verlag

- Murswiek, Dietrich 1985: Die staatliche Verantwortung für die Risiken der Technik, Berlin, Verlag Duncker & Humblot

- Nägeli, Hanspeter 2010: Toxikologie, in: Frey, Hans-Hasso / Löscher, Wolfgang (Hg.): Lehrbuch der Pharmakologie und Toxikologie für die Veterinärmedizin, Stuttgart, Enke Verlag, S.599-648

- Niering, Christoph 1993: Der strafrechtliche Schutz der Gewässer. Rechtsvergleich zwischen der Bundesrepublik Deutschland, Österreich und der Schweiz, Frankfurt am Main, Verlag Peter Lang

- Otto, Franz 2012: Entsorgung des kontaminierten Löschwassers, in: BRANDSCHUTZ, Deutsche Feuerwehrzeitung, 66, 4, S.308

- Perrow, Charles 1989: Normale Katastrophen. Die unvermeidbaren Risiken der Großtechnik, Frankfurt am Main und New York, Campus Verlag

- Radermacher, Franz Josef / Beyers, Bert 2007: Welt mit Zukunft. Überleben im 21. Jahrhundert, Hamburg, Murmann Verlag

- Rengier, Rudolf 1992: Das moderne Umweltstrafrecht im Spiegel der Rechtsprechung – Bilanz und Aufgaben, Konstanz, Universitätsverlag Konstanz

- Rieck, Christian 2012: Spieltheorie. Eine Einführung, Eschborn, Christian Rieck Verlag

- Römpp 2000: Lexikon Umwelt, Stuttgart und New York, Georg Thieme Verlag

- Rogall, Klaus 1995: Die Verwaltungsakzessorietät des Umweltstrafrechts. - Alte Streitfragen, neues Recht -, in: Goltdammer´s Archiv für Strafrecht, 142, 7, S.299-319

- Rogall, Klaus 2001: Umweltschutz durch Strafrecht – eine Bilanz, in: Dolde, Klaus-Peter: Umweltrecht im Wandel, Berlin, Erich Schmidt Verlag, S.795-835

- Roxin, Claus 1966: Sinn und Grenzen staatlicher Strafe, in: Juristische Schulung, 6, 10, S.377-387

- Roxin, Claus 2006: Allgemeiner Teil. Band I. Grundlagen, Aufbau der Verbrechenslehre, München, Verlag C.H.Beck

- Ruhs, Svenja 2011: Europäisierung des Umweltstrafrechts, in: Zeitschrift für das Juristische Studium (www.zjs-online.com), 4, 1, S.13-20

- Sack, Hans-Jürgen 2012: Umweltschutz-Strafrecht. Erläuterungen der Straf- und Bußgeldvorschriften, Loseblattsammlung Stand: 36. Lieferung, Stuttgart, Verlag W. Kohlhammer

- Saliger, Frank 2012: Umweltstrafrecht, München, Verlag Franz Vahlen

- Schlungbaum, Günter / Selig, Uwe 2008: Allgemeine Gewässerkunde, Rostock, Skript der Universität Rostock

- Schmidt, Wolf 1986: z.B. Wasser. Arbeitsvorschläge, in: Körber-Stiftung (Hg.): Von „Abwasser" bis „Wandern". Ein Wegweiser zur Umweltgeschichte, Hamburg, Eigenverlag

- Schua, Leopold / Schua, Roma 1981: Wasser. Lebenselement und Umwelt, Freiburg und München, Verlag Karl Alber

- Schwoerbel, Jürgen 1993: Einführung in die Limnologie, Stuttgart und Jena, Gustav Fischer Verlag

- Sigg, Laura / Stumm, Werner 2011: Aquatische Chemie. Einführung in die Chemie natürlicher Gewässer, Zürich, vdf Hochschulverlag an der ETH Zürich

- [SRU] Sondergutachten des Rates von Sachverständigen für Umweltfragen 1999: Umwelt und Gesundheit. Risiken richtig abschätzen, BT-Drs. 14/2300

- Tewes, Uwe / Wildgrube, Klaus 1999: Psychologie-Lexikon, München und Wien, R.Oldenbourg Verlag

- Triffterer, Otto 1980: Umweltstrafrecht. Einführung und Stellungnahme zum Gesetz zur Bekämpfung der Umweltkriminalität, Baden-Baden, Nomos Verlagsgesellschaft

- Uhlmann, Dietrich / Horn, Wolfgang 2001: Hydrobiologie der Binnengewässer, Stuttgart, Verlag Eugen Ulmer

- [VDG] Vereinigung Deutscher Gewässerschutz 2011: Ökologische Bewertung von Fließgewässern, Bonn, Eigenverlag

- Winter, Gerd 2008: Das Umweltgesetzbuch – Überblick und Bewertung, in: Zeitschrift für Umweltrecht, 19, 7-8, S.337-343

- Wohlfarth, Susanne 2004: Antibiotika, Resistenzen – Anwendung und Auswirkung, Hagen, Skript der FernUniversität in Hagen

- [World Commission] The World Commission on Environment and Development 1987: Our Common Future, Oxford und New York, Oxford University Press

Anhang

Anhang A: Die aktuellen §§ 324-330d StGB

Strafgesetzbuch (StGB) im Rechtsstand vom Februar 2012

Neunundzwanzigster Abschnitt: Straftaten gegen die Umwelt

§ 324 Gewässerverunreinigung

(1) Wer unbefugt ein Gewässer verunreinigt oder sonst dessen Eigenschaften nachteilig verändert, wird mit Freiheitsstrafe bis zu fünf Jahren oder mit Geldstrafe bestraft.
(2) Der Versuch ist strafbar.
(3) Handelt der Täter fahrlässig, so ist die Strafe Freiheitsstrafe bis zu drei Jahren oder Geldstrafe.

§ 324a Bodenverunreinigung

(1) Wer unter Verletzung verwaltungsrechtlicher Pflichten Stoffe in den Boden einbringt, eindringen läßt oder freisetzt und diesen dadurch

1. in einer Weise, die geeignet ist, die Gesundheit eines anderen, Tiere, Pflanzen oder andere Sachen von bedeutendem Wert oder ein Gewässer zu schädigen, oder

2. in bedeutendem Umfang

verunreinigt oder sonst nachteilig verändert, wird mit Freiheitsstrafe bis zu fünf Jahren oder mit Geldstrafe bestraft.
(2) Der Versuch ist strafbar.
(3) Handelt der Täter fahrlässig, so ist die Strafe Freiheitsstrafe bis zu drei Jahren oder Geldstrafe.

§ 325 Luftverunreinigung

(1) Wer beim Betrieb einer Anlage, insbesondere einer Betriebsstätte oder Maschine, unter Verletzung verwaltungsrechtlicher Pflichten Veränderungen der Luft verursacht, die geeignet sind, außerhalb des zur Anlage gehörenden Bereichs die Gesundheit eines anderen, Tiere, Pflanzen oder andere Sachen von

bedeutendem Wert zu schädigen, wird mit Freiheitsstrafe bis zu fünf Jahren oder mit Geldstrafe bestraft. Der Versuch ist strafbar.

(2) Wer beim Betrieb einer Anlage, insbesondere einer Betriebsstätte oder Maschine, unter Verletzung verwaltungsrechtlicher Pflichten Schadstoffe in bedeutendem Umfang in die Luft außerhalb des Betriebsgeländes freisetzt, wird mit Freiheitsstrafe bis zu fünf Jahren oder mit Geldstrafe bestraft.

(3) Wer unter Verletzung verwaltungsrechtlicher Pflichten Schadstoffe in bedeutendem Umfang in die Luft freisetzt, wird mit Freiheitsstrafe bis zu drei Jahren oder mit Geldstrafe bestraft, wenn die Tat nicht nach Absatz 2 mit Strafe bedroht ist.

(4) Handelt der Täter in den Fällen der Absätze 1 und 2 fahrlässig, so ist die Strafe Freiheitsstrafe bis zu drei Jahren oder Geldstrafe.

(5) Handelt der Täter in den Fällen des Absatzes 3 leichtfertig, so ist die Strafe Freiheitsstrafe bis zu einem Jahr oder Geldstrafe.

(6) Schadstoffe im Sinne der Absätze 2 und 3 sind Stoffe, die geeignet sind,

1.
   die Gesundheit eines anderen, Tiere, Pflanzen oder andere Sachen von bedeutendem Wert zu schädigen oder

2.
   nachhaltig ein Gewässer, die Luft oder den Boden zu verunreinigen oder sonst nachteilig zu verändern.

(7) Absatz 1, auch in Verbindung mit Absatz 4, gilt nicht für Kraftfahrzeuge, Schienen-, Luft- oder Wasserfahrzeuge.

§ 325a Verursachen von Lärm, Erschütterungen und nichtionisierenden Strahlen

(1) Wer beim Betrieb einer Anlage, insbesondere einer Betriebsstätte oder Maschine, unter Verletzung verwaltungsrechtlicher Pflichten Lärm verursacht, der geeignet ist, außerhalb des zur Anlage gehörenden Bereichs die Gesundheit eines anderen zu schädigen, wird mit Freiheitsstrafe bis zu drei Jahren oder mit Geldstrafe bestraft.

(2) Wer beim Betrieb einer Anlage, insbesondere einer Betriebsstätte oder Maschine, unter Verletzung verwaltungsrechtlicher Pflichten, die dem Schutz vor Lärm, Erschütterungen oder nichtionisierenden Strahlen dienen, die Gesundheit eines anderen, ihm nicht gehörende Tiere oder fremde Sachen von

bedeutendem Wert gefährdet, wird mit Freiheitsstrafe bis zu fünf Jahren oder mit Geldstrafe bestraft.

(3) Handelt der Täter fahrlässig, so ist die Strafe

1.
    in den Fällen des Absatzes 1 Freiheitsstrafe bis zu zwei Jahren oder Geldstrafe,

2.
    in den Fällen des Absatzes 2 Freiheitsstrafe bis zu drei Jahren oder Geldstrafe.

(4) Die Absätze 1 bis 3 gelten nicht für Kraftfahrzeuge, Schienen-, Luft- oder Wasserfahrzeuge.

§ 326 Unerlaubter Umgang mit Abfällen

(1) Wer unbefugt Abfälle, die

1.
    Gifte oder Erreger von auf Menschen oder Tiere übertragbaren gemeingefährlichen Krankheiten enthalten oder hervorbringen können,

2.
    für den Menschen krebserzeugend, fortpflanzungsgefährdend oder erbgutverändernd sind,

3.
    explosionsgefährlich, selbstentzündlich oder nicht nur geringfügig radioaktiv sind oder

4.
    nach Art, Beschaffenheit oder Menge geeignet sind,

    a)
        nachhaltig ein Gewässer, die Luft oder den Boden zu verunreinigen oder sonst nachteilig zu verändern oder

    b)
        einen Bestand von Tieren oder Pflanzen zu gefährden,

außerhalb einer dafür zugelassenen Anlage oder unter wesentlicher Abweichung von einem vorgeschriebenen oder zugelassenen Verfahren sammelt, befördert, behandelt, verwertet, lagert, ablagert, ablässt, beseitigt, handelt, makelt oder sonst bewirtschaftet, wird mit Freiheitsstrafe bis zu fünf Jahren oder mit Geldstrafe bestraft.

(2) Ebenso wird bestraft, wer

1. Abfälle im Sinne des Artikels 2 Nummer 1 der Verordnung (EG) Nr. 1013/2006 des Europäischen Parlaments und des Rates vom 14. Juni 2006 über die Verbringung von Abfällen (ABl. L 190 vom 12.7.2006, S. 1, L 318 vom 28.11.2008, S. 15), die zuletzt durch die Verordnung (EU) Nr. 413/2010 (ABl. L 119 vom 13.5.2010, S. 1) geändert worden ist, in nicht unerheblicher Menge, sofern es sich um ein illegales Verbringen von Abfällen im Sinne des Artikels 2 Nummer 35 der Verordnung (EG) Nr. 1013/2006 handelt, oder

2. sonstige Abfälle im Sinne des Absatzes 1 entgegen einem Verbot oder ohne die erforderliche Genehmigung

in den, aus dem oder durch den Geltungsbereich dieses Gesetzes verbringt.

(3) Wer radioaktive Abfälle unter Verletzung verwaltungsrechtlicher Pflichten nicht abliefert, wird mit Freiheitsstrafe bis zu drei Jahren oder mit Geldstrafe bestraft.

(4) In den Fällen der Absätze 1 und 2 ist der Versuch strafbar.

(5) Handelt der Täter fahrlässig, so ist die Strafe

1. in den Fällen der Absätze 1 und 2 Freiheitsstrafe bis zu drei Jahren oder Geldstrafe,

2. in den Fällen des Absatzes 3 Freiheitsstrafe bis zu einem Jahr oder Geldstrafe.

(6) Die Tat ist dann nicht strafbar, wenn schädliche Einwirkungen auf die Umwelt, insbesondere auf Menschen, Gewässer, die Luft, den Boden, Nutztiere oder Nutzpflanzen, wegen der geringen Menge der Abfälle offensichtlich ausgeschlossen sind.

§ 327 Unerlaubtes Betreiben von Anlagen

(1) Wer ohne die erforderliche Genehmigung oder entgegen einer vollziehbaren Untersagung

1.
   eine kerntechnische Anlage betreibt, eine betriebsbereite oder stillgelegte kerntechnische Anlage innehat oder ganz oder teilweise abbaut oder eine solche Anlage oder ihren Betrieb wesentlich ändert oder
2.
   eine Betriebsstätte, in der Kernbrennstoffe verwendet werden, oder deren Lage wesentlich ändert,

wird mit Freiheitsstrafe bis zu fünf Jahren oder mit Geldstrafe bestraft.

(2) Mit Freiheitsstrafe bis zu drei Jahren oder mit Geldstrafe wird bestraft, wer

1.
   eine genehmigungsbedürftige Anlage oder eine sonstige Anlage im Sinne des Bundes-Immissionsschutzgesetzes, deren Betrieb zum Schutz vor Gefahren untersagt worden ist,
2.
   eine genehmigungsbedürftige Rohrleitungsanlage zum Befördern wassergefährdender Stoffe im Sinne des Gesetzes über die Umweltverträglichkeitsprüfung oder
3.
   eine Abfallentsorgungsanlage im Sinne des Kreislaufwirtschaftsgesetzes

ohne die nach dem jeweiligen Gesetz erforderliche Genehmigung oder Planfeststellung oder entgegen einer auf dem jeweiligen Gesetz beruhenden vollziehbaren Untersagung betreibt. Ebenso wird bestraft, wer ohne die erforderliche Genehmigung oder Planfeststellung oder entgegen einer vollziehbaren Untersagung eine Anlage, in der gefährliche Stoffe oder Gemische gelagert oder verwendet oder gefährliche Tätigkeiten ausgeübt werden, in einem anderen Mitgliedstaat der Europäischen Union in einer Weise betreibt, die geeignet ist, außerhalb der Anlage Leib oder Leben eines anderen Menschen zu schädigen oder erhebliche Schäden an Tieren oder Pflanzen, Gewässern, der Luft oder dem Boden herbeizuführen.

(3) Handelt der Täter fahrlässig, so ist die Strafe

1.
   in den Fällen des Absatzes 1 Freiheitsstrafe bis zu drei Jahren oder Geldstrafe,

2. in den Fällen des Absatzes 2 Freiheitsstrafe bis zu zwei Jahren oder Geldstrafe.

§ 328 Unerlaubter Umgang mit radioaktiven Stoffen und anderen gefährlichen Stoffen und Gütern

(1) Mit Freiheitsstrafe bis zu fünf Jahren oder mit Geldstrafe wird bestraft,

1. wer ohne die erforderliche Genehmigung oder entgegen einer vollziehbaren Untersagung Kernbrennstoffe oder

2. wer ohne die erforderliche Genehmigung oder wer entgegen einer vollziehbaren Untersagung sonstige radioaktive Stoffe, die nach Art, Beschaffenheit oder Menge geeignet sind, durch ionisierende Strahlen den Tod oder eine schwere Gesundheitsschädigung eines anderen oder erhebliche Schäden an Tieren oder Pflanzen, Gewässern, der Luft oder dem Boden herbeizuführen,

herstellt, aufbewahrt, befördert, bearbeitet, verarbeitet oder sonst verwendet, einführt oder ausführt.

(2) Ebenso wird bestraft, wer

1. Kernbrennstoffe, zu deren Ablieferung er auf Grund des Atomgesetzes verpflichtet ist, nicht unverzüglich abliefert,

2. Kernbrennstoffe oder die in Absatz 1 Nr. 2 bezeichneten Stoffe an Unberechtigte abgibt oder die Abgabe an Unberechtigte vermittelt,

3. eine nukleare Explosion verursacht oder

4. einen anderen zu einer in Nummer 3 bezeichneten Handlung verleitet oder eine solche Handlung fördert.

(3) Mit Freiheitsstrafe bis zu fünf Jahren oder mit Geldstrafe wird bestraft, wer unter Verletzung verwaltungsrechtlicher Pflichten

1. beim Betrieb einer Anlage, insbesondere einer Betriebsstätte oder technischen Einrichtung, radioaktive Stoffe oder gefährliche Stoffe und Gemische nach Artikel 3 der Verordnung (EG) Nr. 1272/2008 des Europäischen Parlaments und des Rates vom 16. Dezember 2008 über die Einstufung, Kennzeichnung und Verpackung von Stoffen und Gemischen, zur Änderung und Aufhebung der Richtlinien 67/548/EWG und 1999/45/EG und zur Änderung der Verordnung (EG) Nr. 1907/2006 (ABl. L 353 vom 31.12.2008, S. 1), die zuletzt durch die Verordnung (EG) Nr. 790/2009 (ABl. L 235 vom 5.9.2009, S. 1) geändert worden ist, lagert, bearbeitet, verarbeitet oder sonst verwendet oder

2. gefährliche Güter befördert, versendet, verpackt oder auspackt, verlädt oder entlädt, entgegennimmt oder anderen überläßt

und dadurch die Gesundheit eines anderen, Tiere oder Pflanzen, Gewässer, die Luft oder den Boden oder fremde Sachen von bedeutendem Wert gefährdet.

(4) Der Versuch ist strafbar.

(5) Handelt der Täter fahrlässig, so ist die Strafe Freiheitsstrafe bis zu drei Jahren oder Geldstrafe.

(6) Die Absätze 4 und 5 gelten nicht für Taten nach Absatz 2 Nr. 4.

§ 329 Gefährdung schutzbedürftiger Gebiete

(1) Wer entgegen einer auf Grund des Bundes-Immissionsschutzgesetzes erlassenen Rechtsverordnung über ein Gebiet, das eines besonderen Schutzes vor schädlichen Umwelteinwirkungen durch Luftverunreinigungen oder Geräusche bedarf oder in dem während austauscharmer Wetterlagen ein starkes Anwachsen schädlicher Umwelteinwirkungen durch Luftverunreinigungen zu befürchten ist, Anlagen innerhalb des Gebiets betreibt, wird mit Freiheitsstrafe bis zu drei Jahren oder mit Geldstrafe bestraft. Ebenso wird bestraft, wer innerhalb eines solchen Gebiets Anlagen entgegen einer vollziehbaren Anordnung betreibt, die auf Grund einer in Satz 1 bezeichneten Rechtsverordnung ergangen ist. Die Sätze 1 und 2 gelten nicht für Kraftfahrzeuge, Schienen-, Luft- oder Wasserfahrzeuge.

(2) Wer entgegen einer zum Schutz eines Wasser- oder Heilquellenschutzgebietes erlassenen Rechtsvorschrift oder vollziehbaren Untersagung

1. betriebliche Anlagen zum Umgang mit wassergefährdenden Stoffen betreibt,
2. Rohrleitungsanlagen zum Befördern wassergefährdender Stoffe betreibt oder solche Stoffe befördert oder
3. im Rahmen eines Gewerbebetriebes Kies, Sand, Ton oder andere feste Stoffe abbaut,

wird mit Freiheitsstrafe bis zu drei Jahren oder mit Geldstrafe bestraft. Betriebliche Anlage im Sinne des Satzes 1 ist auch die Anlage in einem öffentlichen Unternehmen.

(3) Wer entgegen einer zum Schutz eines Naturschutzgebietes, einer als Naturschutzgebiet einstweilig sichergestellten Fläche oder eines Nationalparks erlassenen Rechtsvorschrift oder vollziehbaren Untersagung

1. Bodenschätze oder andere Bodenbestandteile abbaut oder gewinnt,
2. Abgrabungen oder Aufschüttungen vornimmt,
3. Gewässer schafft, verändert oder beseitigt,
4. Moore, Sümpfe, Brüche oder sonstige Feuchtgebiete entwässert,
5. Wald rodet,
6. Tiere einer im Sinne des Bundesnaturschutzgesetzes besonders geschützten Art tötet, fängt, diesen nachstellt oder deren Gelege ganz oder teilweise zerstört oder entfernt,
7. Pflanzen einer im Sinne des Bundesnaturschutzgesetzes besonders geschützten Art beschädigt oder entfernt oder

8.

    ein Gebäude errichtet

und dadurch den jeweiligen Schutzzweck nicht unerheblich beeinträchtigt, wird mit Freiheitsstrafe bis zu fünf Jahren oder mit Geldstrafe bestraft.

(4) Wer unter Verletzung verwaltungsrechtlicher Pflichten in einem Natura 2000-Gebiet einen für die Erhaltungsziele oder den Schutzzweck dieses Gebietes maßgeblichen

1.

    Lebensraum einer Art, die in Artikel 4 Absatz 2 oder Anhang I der Richtlinie 2009/147/EG des Europäischen Parlaments und des Rates vom 30. November 2009 über die Erhaltung der wildlebenden Vogelarten (ABl. L 20 vom 26.1.2010, S. 7) oder in Anhang II der Richtlinie 92/43/EWG des Rates vom 21. Mai 1992 zur Erhaltung der natürlichen Lebensräume sowie der wildlebenden Tiere und Pflanzen (ABl. L 206 vom 22.7.1992, S. 7), die zuletzt durch die Richtlinie 2006/105/EG (ABl. L 363 vom 20.12.2006, S. 368) geändert worden ist, aufgeführt ist, oder

2.

    natürlichen Lebensraumtyp, der in Anhang I der Richtlinie 92/43/EWG des Rates vom 21. Mai 1992 zur Erhaltung der natürlichen Lebensräume sowie der wildlebenden Tiere und Pflanzen (ABl. L 206 vom 22.7.1992, S. 7), die zuletzt durch die Richtlinie 2006/105/EG (ABl. L 363 vom 20.12.2006, S. 368) geändert worden ist, aufgeführt ist,

erheblich schädigt, wird mit Freiheitsstrafe bis zu fünf Jahren oder mit Geldstrafe bestraft.

(5) Handelt der Täter fahrlässig, so ist die Strafe

1.

    in den Fällen der Absätze 1 und 2 Freiheitsstrafe bis zu zwei Jahren oder Geldstrafe,

2.

    in den Fällen des Absatzes 3 Freiheitsstrafe bis zu drei Jahren oder Geldstrafe.

(6) Handelt der Täter in den Fällen des Absatzes 4 leichtfertig, so ist die Strafe Freiheitsstrafe bis zu drei Jahren oder Geldstrafe.

§ 330 Besonders schwerer Fall einer Umweltstraftat

(1) In besonders schweren Fällen wird eine vorsätzliche Tat nach den §§ 324 bis 329 mit Freiheitsstrafe von sechs Monaten bis zu zehn Jahren bestraft. Ein besonders schwerer Fall liegt in der Regel vor, wenn der Täter

1. ein Gewässer, den Boden oder ein Schutzgebiet im Sinne des § 329 Abs. 3 derart beeinträchtigt, daß die Beeinträchtigung nicht, nur mit außerordentlichem Aufwand oder erst nach längerer Zeit beseitigt werden kann,

2. die öffentliche Wasserversorgung gefährdet,

3. einen Bestand von Tieren oder Pflanzen einer streng geschützten Art nachhaltig schädigt oder

4. aus Gewinnsucht handelt.

(2) Wer durch eine vorsätzliche Tat nach den §§ 324 bis 329

1. einen anderen Menschen in die Gefahr des Todes oder einer schweren Gesundheitsschädigung oder eine große Zahl von Menschen in die Gefahr einer Gesundheitsschädigung bringt oder

2. den Tod eines anderen Menschen verursacht,

wird in den Fällen der Nummer 1 mit Freiheitsstrafe von einem Jahr bis zu zehn Jahren, in den Fällen der Nummer 2 mit Freiheitsstrafe nicht unter drei Jahren bestraft, wenn die Tat nicht in § 330a Abs. 1 bis 3 mit Strafe bedroht ist.

(3) In minder schweren Fällen des Absatzes 2 Nr. 1 ist auf Freiheitsstrafe von sechs Monaten bis zu fünf Jahren, in minder schweren Fällen des Absatzes 2 Nr. 2 auf Freiheitsstrafe von einem Jahr bis zu zehn Jahren zu erkennen.

§ 330a Schwere Gefährdung durch Freisetzen von Giften

(1) Wer Stoffe, die Gifte enthalten oder hervorbringen können, verbreitet oder freisetzt und dadurch die Gefahr des Todes oder einer schweren

Gesundheitsschädigung eines anderen Menschen oder die Gefahr einer Gesundheitsschädigung einer großen Zahl von Menschen verursacht, wird mit Freiheitsstrafe von einem Jahr bis zu zehn Jahren bestraft.

(2) Verursacht der Täter durch die Tat den Tod eines anderen Menschen, so ist die Strafe Freiheitsstrafe nicht unter drei Jahren.

(3) In minder schweren Fällen des Absatzes 1 ist auf Freiheitsstrafe von sechs Monaten bis zu fünf Jahren, in minder schweren Fällen des Absatzes 2 auf Freiheitsstrafe von einem Jahr bis zu zehn Jahren zu erkennen.

(4) Wer in den Fällen des Absatzes 1 die Gefahr fahrlässig verursacht, wird mit Freiheitsstrafe bis zu fünf Jahren oder mit Geldstrafe bestraft.

(5) Wer in den Fällen des Absatzes 1 leichtfertig handelt und die Gefahr fahrlässig verursacht, wird mit Freiheitsstrafe bis zu drei Jahren oder mit Geldstrafe bestraft.

§ 330b Tätige Reue

(1) Das Gericht kann in den Fällen des § 325a Abs. 2, des § 326 Abs. 1 bis 3, des § 328 Abs. 1 bis 3 und des § 330a Abs. 1, 3 und 4 die Strafe nach seinem Ermessen mildern (§ 49 Abs. 2) oder von Strafe nach diesen Vorschriften absehen, wenn der Täter freiwillig die Gefahr abwendet oder den von ihm verursachten Zustand beseitigt, bevor ein erheblicher Schaden entsteht. Unter denselben Voraussetzungen wird der Täter nicht nach § 325a Abs. 3 Nr. 2, § 326 Abs. 5, § 328 Abs. 5 und § 330a Abs. 5 bestraft.

(2) Wird ohne Zutun des Täters die Gefahr abgewendet oder der rechtswidrig verursachte Zustand beseitigt, so genügt sein freiwilliges und ernsthaftes Bemühen, dieses Ziel zu erreichen.

§ 330c Einziehung

Ist eine Straftat nach den §§ 326, 327 Abs. 1 oder 2, §§ 328, 329 Absatz 1, 2 oder Absatz 3, dieser auch in Verbindung mit Absatz 5, oder Absatz 4, dieser auch in Verbindung mit Absatz 6, begangen worden, so können

1.
    Gegenstände, die durch die Tat hervorgebracht oder zu ihrer Begehung oder Vorbereitung gebraucht worden oder bestimmt gewesen sind, und
2.
    Gegenstände, auf die sich die Tat bezieht,

eingezogen werden. § 74a ist anzuwenden.

§ 330d Begriffsbestimmungen

(1) Im Sinne dieses Abschnitts ist

1.
- ein Gewässer:
- ein oberirdisches Gewässer, das Grundwasser und das Meer;

2.
- eine kerntechnische Anlage:
- eine Anlage zur Erzeugung oder zur Bearbeitung oder Verarbeitung oder zur Spaltung von Kernbrennstoffen oder zur Aufarbeitung bestrahlter Kernbrennstoffe;

3.
- ein gefährliches Gut:
- ein Gut im Sinne des Gesetzes über die Beförderung gefährlicher Güter und einer darauf beruhenden Rechtsverordnung und im Sinne der Rechtsvorschriften über die internationale Beförderung gefährlicher Güter im jeweiligen Anwendungsbereich;

4.
- eine verwaltungsrechtliche Pflicht:
- eine Pflicht, die sich aus

    a) einer Rechtsvorschrift,

    b) einer gerichtlichen Entscheidung,

    c) einem vollziehbaren Verwaltungsakt,

    d) einer vollziehbaren Auflage oder

    e) einem öffentlich-rechtlichen Vertrag, soweit die Pflicht auch durch Verwaltungsakt hätte auferlegt werden können,

  ergibt und dem Schutz vor Gefahren oder schädlichen Einwirkungen auf die Umwelt, insbesondere auf Menschen, Tiere oder Pflanzen, Gewässer, die Luft oder den Boden, dient;

5.

    ein Handeln ohne Genehmigung, Planfeststellung oder sonstige Zulassung: auch ein Handeln auf Grund einer durch Drohung, Bestechung oder Kollusion erwirkten oder durch unrichtige oder unvollständige Angaben erschlichenen Genehmigung, Planfeststellung oder sonstigen Zulassung.

(2) Für die Anwendung der §§ 311, 324a, 325, 326, 327 und 328 stehen in Fällen, in denen die Tat in einem anderen Mitgliedstaat der Europäischen Union begangen worden ist,

1.

    einer verwaltungsrechtlichen Pflicht,

2.

    einem vorgeschriebenen oder zugelassenen Verfahren,

3.

    einer Untersagung,

4.

    einem Verbot,

5.

    einer zugelassenen Anlage,

6.

    einer Genehmigung und

7.

    einer Planfeststellung

entsprechende Pflichten, Verfahren, Untersagungen, Verbote, zugelassene Anlagen, Genehmigungen und Planfeststellungen auf Grund einer Rechtsvorschrift des anderen Mitgliedstaats der Europäischen Union oder auf Grund eines Hoheitsakts des anderen Mitgliedstaats der Europäischen Union gleich. Dies gilt nur, soweit damit ein Rechtsakt der Europäischen Union oder ein Rechtsakt der Europäischen Atomgemeinschaft umgesetzt oder angewendet wird, der dem Schutz vor Gefahren oder schädlichen Einwirkungen auf die Umwelt, insbesondere auf Menschen, Tiere oder Pflanzen, Gewässer, die Luft oder den Boden, dient.

Anhang B: Weitere aktuelle Paragrafen des StGB

Strafgesetzbuch (StGB) im Rechtsstand vom Februar 2012

Allgemeiner Teil:

§ 3 Geltung für Inlandstaten

Das deutsche Strafrecht gilt für Taten, die im Inland begangen werden.

§ 4 Geltung für Taten auf deutschen Schiffen und Luftfahrzeugen

Das deutsche Strafrecht gilt, unabhängig vom Recht des Tatorts, für Taten, die auf einem Schiff oder in einem Luftfahrzeug begangen werden, das berechtigt ist, die Bundesflagge oder das Staatszugehörigkeitszeichen der Bundesrepublik Deutschland zu führen.

§ 9 Ort der Tat

(1) Eine Tat ist an jedem Ort begangen, an dem der Täter gehandelt hat oder im Falle des Unterlassens hätte handeln müssen oder an dem der zum Tatbestand gehörende Erfolg eingetreten ist oder nach der Vorstellung des Täters eintreten sollte.

(2) Die Teilnahme ist sowohl an dem Ort begangen, an dem die Tat begangen ist, als auch an jedem Ort, an dem der Teilnehmer gehandelt hat oder im Falle des Unterlassens hätte handeln müssen oder an dem nach seiner Vorstellung die Tat begangen werden sollte. Hat der Teilnehmer an einer Auslandstat im Inland gehandelt, so gilt für die Teilnahme das deutsche Strafrecht, auch wenn die Tat nach dem Recht des Tatorts nicht mit Strafe bedroht ist.

§ 12 Verbrechen und Vergehen

(1) Verbrechen sind rechtswidrige Taten, die im Mindestmaß mit Freiheitsstrafe von einem Jahr oder darüber bedroht sind.

(2) Vergehen sind rechtswidrige Taten, die im Mindestmaß mit einer geringeren Freiheitsstrafe oder die mit Geldstrafe bedroht sind.

(3) Schärfungen oder Milderungen, die nach den Vorschriften des Allgemeinen Teils oder für besonders schwere oder minder schwere Fälle vorgesehen sind, bleiben für die Einteilung außer Betracht.

§ 13 Begehen durch Unterlassen

(1) Wer es unterläßt, einen Erfolg abzuwenden, der zum Tatbestand eines Strafgesetzes gehört, ist nach diesem Gesetz nur dann strafbar, wenn er rechtlich dafür einzustehen hat, daß der Erfolg nicht eintritt, und wenn das Unterlassen der Verwirklichung des gesetzlichen Tatbestandes durch ein Tun entspricht.
(2) Die Strafe kann nach § 49 Abs. 1 gemildert werden.

§ 14 Handeln für einen anderen

(1) Handelt jemand

1.
    als vertretungsberechtigtes Organ einer juristischen Person oder als Mitglied eines solchen Organs,
2.
    als vertretungsberechtigter Gesellschafter einer rechtsfähigen Personengesellschaft oder
3.
    als gesetzlicher Vertreter eines anderen,

so ist ein Gesetz, nach dem besondere persönliche Eigenschaften, Verhältnisse oder Umstände (besondere persönliche Merkmale) die Strafbarkeit begründen, auch auf den Vertreter anzuwenden, wenn diese Merkmale zwar nicht bei ihm, aber bei dem Vertretenen vorliegen.
(2) Ist jemand von dem Inhaber eines Betriebs oder einem sonst dazu Befugten

1.
    beauftragt, den Betrieb ganz oder zum Teil zu leiten, oder
2.
    ausdrücklich beauftragt, in eigener Verantwortung Aufgaben wahrzunehmen, die dem Inhaber des Betriebs obliegen,

und handelt er auf Grund dieses Auftrags, so ist ein Gesetz, nach dem besondere persönliche Merkmale die Strafbarkeit begründen, auch auf den Beauftragten anzuwenden, wenn diese Merkmale zwar nicht bei ihm, aber bei dem Inhaber des Betriebs vorliegen. Dem Betrieb im Sinne des Satzes 1 steht das Unternehmen gleich. Handelt jemand auf Grund eines entsprechenden

Auftrags für eine Stelle, die Aufgaben der öffentlichen Verwaltung wahrnimmt, so ist Satz 1 sinngemäß anzuwenden.

(3) Die Absätze 1 und 2 sind auch dann anzuwenden, wenn die Rechtshandlung, welche die Vertretungsbefugnis oder das Auftragsverhältnis begründen sollte, unwirksam ist.

§ 15 Vorsätzliches und fahrlässiges Handeln

Strafbar ist nur vorsätzliches Handeln, wenn nicht das Gesetz fahrlässiges Handeln ausdrücklich mit Strafe bedroht.

§ 18 Schwerere Strafe bei besonderen Tatfolgen

Knüpft das Gesetz an eine besondere Folge der Tat eine schwerere Strafe, so trifft sie den Täter oder den Teilnehmer nur, wenn ihm hinsichtlich dieser Folge wenigstens Fahrlässigkeit zur Last fällt.

§ 19 Schuldunfähigkeit des Kindes

Schuldunfähig ist, wer bei Begehung der Tat noch nicht vierzehn Jahre alt ist.

§ 20 Schuldunfähigkeit wegen seelischer Störungen

Ohne Schuld handelt, wer bei Begehung der Tat wegen einer krankhaften seelischen Störung, wegen einer tiefgreifenden Bewußtseinsstörung oder wegen Schwachsinns oder einer schweren anderen seelischen Abartigkeit unfähig ist, das Unrecht der Tat einzusehen oder nach dieser Einsicht zu handeln.

§ 22 Begriffsbestimmung

Eine Straftat versucht, wer nach seiner Vorstellung von der Tat zur Verwirklichung des Tatbestandes unmittelbar ansetzt.

§ 23 Strafbarkeit des Versuchs

(1) Der Versuch eines Verbrechens ist stets strafbar, der Versuch eines Vergehens nur dann, wenn das Gesetz es ausdrücklich bestimmt.
(2) Der Versuch kann milder bestraft werden als die vollendete Tat (§ 49 Abs. 1).
(3) Hat der Täter aus grobem Unverstand verkannt, daß der Versuch nach der Art des Gegenstandes, an dem, oder des Mittels, mit dem die Tat begangen werden

sollte, überhaupt nicht zur Vollendung führen konnte, so kann das Gericht von Strafe absehen oder die Strafe nach seinem Ermessen mildern (§ 49 Abs. 2).

§ 25 Täterschaft

(1) Als Täter wird bestraft, wer die Straftat selbst oder durch einen anderen begeht.

(2) Begehen mehrere die Straftat gemeinschaftlich, so wird jeder als Täter bestraft (Mittäter).

§ 26 Anstiftung

Als Anstifter wird gleich einem Täter bestraft, wer vorsätzlich einen anderen zu dessen vorsätzlich begangener rechtswidriger Tat bestimmt hat.

§ 27 Beihilfe

(1) Als Gehilfe wird bestraft, wer vorsätzlich einem anderen zu dessen vorsätzlich begangener rechtswidriger Tat Hilfe geleistet hat.

(2) Die Strafe für den Gehilfen richtet sich nach der Strafdrohung für den Täter. Sie ist nach § 49 Abs. 1 zu mildern.

§ 32 Notwehr

(1) Wer eine Tat begeht, die durch Notwehr geboten ist, handelt nicht rechtswidrig.

(2) Notwehr ist die Verteidigung, die erforderlich ist, um einen gegenwärtigen rechtswidrigen Angriff von sich oder einem anderen abzuwenden.

§ 34 Rechtfertigender Notstand

Wer in einer gegenwärtigen, nicht anders abwendbaren Gefahr für Leben, Leib, Freiheit, Ehre, Eigentum oder ein anderes Rechtsgut eine Tat begeht, um die Gefahr von sich oder einem anderen abzuwenden, handelt nicht rechtswidrig, wenn bei Abwägung der widerstreitenden Interessen, namentlich der betroffenen Rechtsgüter und des Grades der ihnen drohenden Gefahren, das geschützte Interesse das beeinträchtigte wesentlich überwiegt. Dies gilt jedoch nur, soweit die Tat ein angemessenes Mittel ist, die Gefahr abzuwenden.

§ 40 Verhängung in Tagessätzen

(1) Die Geldstrafe wird in Tagessätzen verhängt. Sie beträgt mindestens fünf und, wenn das Gesetz nichts anderes bestimmt, höchstens dreihundertsechzig volle Tagessätze.

(2) Die Höhe eines Tagessatzes bestimmt das Gericht unter Berücksichtigung der persönlichen und wirtschaftlichen Verhältnisse des Täters. Dabei geht es in der Regel von dem Nettoeinkommen aus, das der Täter durchschnittlich an einem Tag hat oder haben könnte. Ein Tagessatz wird auf mindestens einen und höchstens dreißigtausend Euro festgesetzt.

(3) Die Einkünfte des Täters, sein Vermögen und andere Grundlagen für die Bemessung eines Tagessatzes können geschätzt werden.

(4) In der Entscheidung werden Zahl und Höhe der Tagessätze angegeben.

§ 46 Grundsätze der Strafzumessung

(1) Die Schuld des Täters ist Grundlage für die Zumessung der Strafe. Die Wirkungen, die von der Strafe für das künftige Leben des Täters in der Gesellschaft zu erwarten sind, sind zu berücksichtigen.

(2) Bei der Zumessung wägt das Gericht die Umstände, die für und gegen den Täter sprechen, gegeneinander ab. Dabei kommen namentlich in Betracht:

> die Beweggründe und die Ziele des Täters,
> die Gesinnung, die aus der Tat spricht, und der bei der Tat aufgewendete Wille,
> das Maß der Pflichtwidrigkeit,
> die Art der Ausführung und die verschuldeten Auswirkungen der Tat,
> das Vorleben des Täters, seine persönlichen und wirtschaftlichen Verhältnisse sowie
> sein Verhalten nach der Tat, besonders sein Bemühen, den Schaden wiedergutzumachen, sowie das Bemühen des Täters, einen Ausgleich mit dem Verletzten zu erreichen.

(3) Umstände, die schon Merkmale des gesetzlichen Tatbestandes sind, dürfen nicht berücksichtigt werden.

§ 52 Tateinheit

(1) Verletzt dieselbe Handlung mehrere Strafgesetze oder dasselbe Strafgesetz mehrmals, so wird nur auf eine Strafe erkannt.

(2) Sind mehrere Strafgesetze verletzt, so wird die Strafe nach dem Gesetz bestimmt, das die schwerste Strafe androht. Sie darf nicht milder sein, als die anderen anwendbaren Gesetze es zulassen.

(3) Geldstrafe kann das Gericht unter den Voraussetzungen des § 41 neben Freiheitsstrafe gesondert verhängen.

(4) Läßt eines der anwendbaren Gesetze die Vermögensstrafe zu, so kann das Gericht auf sie neben einer lebenslangen oder einer zeitigen Freiheitsstrafe von mehr als zwei Jahren gesondert erkennen. Im übrigen muß oder kann auf Nebenstrafen, Nebenfolgen und Maßnahmen (§ 11 Abs. 1 Nr. 8) erkannt werden, wenn eines der anwendbaren Gesetze sie vorschreibt oder zuläßt.

§ 56 Strafaussetzung

(1) Bei der Verurteilung zu Freiheitsstrafe von nicht mehr als einem Jahr setzt das Gericht die Vollstreckung der Strafe zur Bewährung aus, wenn zu erwarten ist, daß der Verurteilte sich schon die Verurteilung zur Warnung dienen lassen und künftig auch ohne die Einwirkung des Strafvollzugs keine Straftaten mehr begehen wird. Dabei sind namentlich die Persönlichkeit des Verurteilten, sein Vorleben, die Umstände seiner Tat, sein Verhalten nach der Tat, seine Lebensverhältnisse und die Wirkungen zu berücksichtigen, die von der Aussetzung für ihn zu erwarten sind.

(2) Das Gericht kann unter den Voraussetzungen des Absatzes 1 auch die Vollstreckung einer höheren Freiheitsstrafe, die zwei Jahre nicht übersteigt, zur Bewährung aussetzen, wenn nach der Gesamtwürdigung von Tat und Persönlichkeit des Verurteilten besondere Umstände vorliegen. Bei der Entscheidung ist namentlich auch das Bemühen des Verurteilten, den durch die Tat verursachten Schaden wiedergutzumachen, zu berücksichtigen.

(3) Bei der Verurteilung zu Freiheitsstrafe von mindestens sechs Monaten wird die Vollstreckung nicht ausgesetzt, wenn die Verteidigung der Rechtsordnung sie gebietet.

(4) Die Strafaussetzung kann nicht auf einen Teil der Strafe beschränkt werden. Sie wird durch eine Anrechnung von Untersuchungshaft oder einer anderen Freiheitsentziehung nicht ausgeschlossen.

§ 74 Voraussetzungen der Einziehung

(1) Ist eine vorsätzliche Straftat begangen worden, so können Gegenstände, die durch sie hervorgebracht oder zu ihrer Begehung oder Vorbereitung gebraucht worden oder bestimmt gewesen sind, eingezogen werden.

(2) Die Einziehung ist nur zulässig, wenn

1.
    die Gegenstände zur Zeit der Entscheidung dem Täter oder Teilnehmer gehören oder zustehen oder

2.
    die Gegenstände nach ihrer Art und den Umständen die Allgemeinheit gefährden oder die Gefahr besteht, daß sie der Begehung rechtswidriger Taten dienen werden.

(3) Unter den Voraussetzungen des Absatzes 2 Nr. 2 ist die Einziehung der Gegenstände auch zulässig, wenn der Täter ohne Schuld gehandelt hat.

(4) Wird die Einziehung durch eine besondere Vorschrift über Absatz 1 hinaus vorgeschrieben oder zugelassen, so gelten die Absätze 2 und 3 entsprechend.

Besonderer Teil:

§ 138 Nichtanzeige geplanter Straftaten

(1) Wer von dem Vorhaben oder der Ausführung

1.
    einer Vorbereitung eines Angriffskrieges (§ 80),

2.
    eines Hochverrats in den Fällen der §§ 81 bis 83 Abs. 1,

3.
    eines Landesverrats oder einer Gefährdung der äußeren Sicherheit in den Fällen der §§ 94 bis 96, 97a oder 100,

4.
    einer Geld- oder Wertpapierfälschung in den Fällen der §§ 146, 151, 152 oder einer Fälschung von Zahlungskarten mit Garantiefunktion und Vordrucken für Euroschecks in den Fällen des § 152b Abs. 1 bis 3,

5.
eines Mordes (§ 211) oder Totschlags (§ 212) oder eines Völkermordes (§ 6 des Völkerstrafgesetzbuches) oder eines Verbrechens gegen die Menschlichkeit (§ 7 des Völkerstrafgesetzbuches) oder eines Kriegsverbrechens (§§ 8, 9, 10, 11 oder 12 des Völkerstrafgesetzbuches),

6.
einer Straftat gegen die persönliche Freiheit in den Fällen des § 232 Abs. 3, 4 oder Abs. 5, des § 233 Abs. 3, jeweils soweit es sich um Verbrechen handelt, der §§ 234, 234a, 239a oder 239b,

7.
eines Raubes oder einer räuberischen Erpressung (§§ 249 bis 251 oder 255) oder

8.
einer gemeingefährlichen Straftat in den Fällen der §§ 306 bis 306c oder 307 Abs. 1 bis 3, des § 308 Abs. 1 bis 4, des § 309 Abs. 1 bis 5, der §§ 310, 313, 314 oder 315 Abs. 3, des § 315b Abs. 3 oder der §§ 316a oder 316c

zu einer Zeit, zu der die Ausführung oder der Erfolg noch abgewendet werden kann, glaubhaft erfährt und es unterläßt, der Behörde oder dem Bedrohten rechtzeitig Anzeige zu machen, wird mit Freiheitsstrafe bis zu fünf Jahren oder mit Geldstrafe bestraft.
(2) Ebenso wird bestraft, wer

1.
von der Ausführung einer Straftat nach § 89a oder

2.
von dem Vorhaben oder der Ausführung einer Straftat nach § 129a, auch in Verbindung mit § 129b Abs. 1 Satz 1 und 2,

zu einer Zeit, zu der die Ausführung noch abgewendet werden kann, glaubhaft erfährt und es unterlässt, der Behörde unverzüglich Anzeige zu erstatten. § 129b Abs. 1 Satz 3 bis 5 gilt im Fall der Nummer 2 entsprechend.
(3) Wer die Anzeige leichtfertig unterläßt, obwohl er von dem Vorhaben oder der Ausführung der rechtswidrigen Tat glaubhaft erfahren hat, wird mit Freiheitsstrafe bis zu einem Jahr oder mit Geldstrafe bestraft.

§ 222 Fahrlässige Tötung

Wer durch Fahrlässigkeit den Tod eines Menschen verursacht, wird mit Freiheitsstrafe bis zu fünf Jahren oder mit Geldstrafe bestraft.

§ 224 Gefährliche Körperverletzung

(1) Wer die Körperverletzung

1.
    durch Beibringung von Gift oder anderen gesundheitsschädlichen Stoffen,
2.
    mittels einer Waffe oder eines anderen gefährlichen Werkzeugs,
3.
    mittels eines hinterlistigen Überfalls,
4.
    mit einem anderen Beteiligten gemeinschaftlich oder
5.
    mittels einer das Leben gefährdenden Behandlung

begeht, wird mit Freiheitsstrafe von sechs Monaten bis zu zehn Jahren, in minder schweren Fällen mit Freiheitsstrafe von drei Monaten bis zu fünf Jahren bestraft.
(2) Der Versuch ist strafbar.

§ 229 Fahrlässige Körperverletzung

Wer durch Fahrlässigkeit die Körperverletzung einer anderen Person verursacht, wird mit Freiheitsstrafe bis zu drei Jahren oder mit Geldstrafe bestraft.

§ 243 Besonders schwerer Fall des Diebstahls

(1) In besonders schweren Fällen wird der Diebstahl mit Freiheitsstrafe von drei Monaten bis zu zehn Jahren bestraft. Ein besonders schwerer Fall liegt in der Regel vor, wenn der Täter

1.
    zur Ausführung der Tat in ein Gebäude, einen Dienst- oder Geschäftsraum oder in einen anderen umschlossenen Raum einbricht, einsteigt, mit einem falschen Schlüssel oder einem anderen nicht zur ordnungsmäßigen

Öffnung bestimmten Werkzeug eindringt oder sich in dem Raum verborgen hält,

2. eine Sache stiehlt, die durch ein verschlossenes Behältnis oder eine andere Schutzvorrichtung gegen Wegnahme besonders gesichert ist,

3. gewerbsmäßig stiehlt,

4. aus einer Kirche oder einem anderen der Religionsausübung dienenden Gebäude oder Raum eine Sache stiehlt, die dem Gottesdienst gewidmet ist oder der religiösen Verehrung dient,

5. eine Sache von Bedeutung für Wissenschaft, Kunst oder Geschichte oder für die technische Entwicklung stiehlt, die sich in einer allgemein zugänglichen Sammlung befindet oder öffentlich ausgestellt ist,

6. stiehlt, indem er die Hilflosigkeit einer anderen Person, einen Unglücksfall oder eine gemeine Gefahr ausnutzt oder

7. eine Handfeuerwaffe, zu deren Erwerb es nach dem Waffengesetz der Erlaubnis bedarf, ein Maschinengewehr, eine Maschinenpistole, ein voll- oder halbautomatisches Gewehr oder eine Sprengstoff enthaltende Kriegswaffe im Sinne des Kriegswaffenkontrollgesetzes oder Sprengstoff stiehlt.

(2) In den Fällen des Absatzes 1 Satz 2 Nr. 1 bis 6 ist ein besonders schwerer Fall ausgeschlossen, wenn sich die Tat auf eine geringwertige Sache bezieht.

§ 248a Diebstahl und Unterschlagung geringwertiger Sachen

Der Diebstahl und die Unterschlagung geringwertiger Sachen werden in den Fällen der §§ 242 und 246 nur auf Antrag verfolgt, es sei denn, daß die Strafverfolgungsbehörde wegen des besonderen öffentlichen Interesses an der Strafverfolgung ein Einschreiten von Amts wegen für geboten hält.

§ 263 Betrug

(1) Wer in der Absicht, sich oder einem Dritten einen rechtswidrigen Vermögensvorteil zu verschaffen, das Vermögen eines anderen dadurch beschädigt, daß er durch Vorspiegelung falscher oder durch Entstellung oder Unterdrückung wahrer Tatsachen einen Irrtum erregt oder unterhält, wird mit Freiheitsstrafe bis zu fünf Jahren oder mit Geldstrafe bestraft.

(2) Der Versuch ist strafbar.

(3) In besonders schweren Fällen ist die Strafe Freiheitsstrafe von sechs Monaten bis zu zehn Jahren. Ein besonders schwerer Fall liegt in der Regel vor, wenn der Täter

1. gewerbsmäßig oder als Mitglied einer Bande handelt, die sich zur fortgesetzten Begehung von Urkundenfälschung oder Betrug verbunden hat,

2. einen Vermögensverlust großen Ausmaßes herbeiführt oder in der Absicht handelt, durch die fortgesetzte Begehung von Betrug eine große Zahl von Menschen in die Gefahr des Verlustes von Vermögenswerten zu bringen,

3. eine andere Person in wirtschaftliche Not bringt,

4. seine Befugnisse oder seine Stellung als Amtsträger mißbraucht oder

5. einen Versicherungsfall vortäuscht, nachdem er oder ein anderer zu diesem Zweck eine Sache von bedeutendem Wert in Brand gesetzt oder durch eine Brandlegung ganz oder teilweise zerstört oder ein Schiff zum Sinken oder Stranden gebracht hat.

(4) § 243 Abs. 2 sowie die §§ 247 und 248a gelten entsprechend.

(5) Mit Freiheitsstrafe von einem Jahr bis zu zehn Jahren, in minder schweren Fällen mit Freiheitsstrafe von sechs Monaten bis zu fünf Jahren wird bestraft, wer den Betrug als Mitglied einer Bande, die sich zur fortgesetzten Begehung von Straftaten nach den §§ 263 bis 264 oder 267 bis 269 verbunden hat, gewerbsmäßig begeht.

(6) Das Gericht kann Führungsaufsicht anordnen (§ 68 Abs. 1).

(7) Die §§ 43a und 73d sind anzuwenden, wenn der Täter als Mitglied einer Bande handelt, die sich zur fortgesetzten Begehung von Straftaten nach den §§ 263 bis 264 oder 267 bis 269 verbunden hat. § 73d ist auch dann anzuwenden, wenn der Täter gewerbsmäßig handelt.

§ 265a Erschleichen von Leistungen

(1) Wer die Leistung eines Automaten oder eines öffentlichen Zwecken dienenden Telekommunikationsnetzes, die Beförderung durch ein Verkehrsmittel oder den Zutritt zu einer Veranstaltung oder einer Einrichtung in der Absicht erschleicht, das Entgelt nicht zu entrichten, wird mit Freiheitsstrafe bis zu einem Jahr oder mit Geldstrafe bestraft, wenn die Tat nicht in anderen Vorschriften mit schwererer Strafe bedroht ist.

(2) Der Versuch ist strafbar.

(3) Die §§ 247 und 248a gelten entsprechend.

§ 303 Sachbeschädigung

(1) Wer rechtswidrig eine fremde Sache beschädigt oder zerstört, wird mit Freiheitsstrafe bis zu zwei Jahren oder mit Geldstrafe bestraft.

(2) Ebenso wird bestraft, wer unbefugt das Erscheinungsbild einer fremden Sache nicht nur unerheblich und nicht nur vorübergehend verändert.

(3) Der Versuch ist strafbar.

§ 306 Brandstiftung

(1) Wer fremde

1.
    Gebäude oder Hütten,
2.
    Betriebsstätten oder technische Einrichtungen, namentlich Maschinen,
3.
    Warenlager oder -vorräte,
4.
    Kraftfahrzeuge, Schienen-, Luft- oder Wasserfahrzeuge,
5.
    Wälder, Heiden oder Moore oder

6.
land-, ernährungs- oder forstwirtschaftliche Anlagen oder Erzeugnisse

in Brand setzt oder durch eine Brandlegung ganz oder teilweise zerstört, wird mit Freiheitsstrafe von einem Jahr bis zu zehn Jahren bestraft.
(2) In minder schweren Fällen ist die Strafe Freiheitsstrafe von sechs Monaten bis zu fünf Jahren.

§ 308 Herbeiführen einer Sprengstoffexplosion

(1) Wer anders als durch Freisetzen von Kernenergie, namentlich durch Sprengstoff, eine Explosion herbeiführt und dadurch Leib oder Leben eines anderen Menschen oder fremde Sachen von bedeutendem Wert gefährdet, wird mit Freiheitsstrafe nicht unter einem Jahr bestraft.
(2) Verursacht der Täter durch die Tat eine schwere Gesundheitsschädigung eines anderen Menschen oder eine Gesundheitsschädigung einer großen Zahl von Menschen, so ist auf Freiheitsstrafe nicht unter zwei Jahren zu erkennen.
(3) Verursacht der Täter durch die Tat wenigstens leichtfertig den Tod eines anderen Menschen, so ist die Strafe lebenslange Freiheitsstrafe oder Freiheitsstrafe nicht unter zehn Jahren.
(4) In minder schweren Fällen des Absatzes 1 ist auf Freiheitsstrafe von sechs Monaten bis zu fünf Jahren, in minder schweren Fällen des Absatzes 2 auf Freiheitsstrafe von einem Jahr bis zu zehn Jahren zu erkennen.
(5) Wer in den Fällen des Absatzes 1 die Gefahr fahrlässig verursacht, wird mit Freiheitsstrafe bis zu fünf Jahren oder mit Geldstrafe bestraft.
(6) Wer in den Fällen des Absatzes 1 fahrlässig handelt und die Gefahr fahrlässig verursacht, wird mit Freiheitsstrafe bis zu drei Jahren oder mit Geldstrafe bestraft.

§ 314 Gemeingefährliche Vergiftung

(1) Mit Freiheitsstrafe von einem Jahr bis zu zehn Jahren wird bestraft, wer
1.
Wasser in gefaßten Quellen, in Brunnen, Leitungen oder Trinkwasserspeichern oder

2. Gegenstände, die zum öffentlichen Verkauf oder Verbrauch bestimmt sind,

vergiftet oder ihnen gesundheitsschädliche Stoffe beimischt oder vergiftete oder mit gesundheitsschädlichen Stoffen vermischte Gegenstände im Sinne der Nummer 2 verkauft, feilhält oder sonst in den Verkehr bringt.

(2) § 308 Abs. 2 bis 4 gilt entsprechend.

§ 318 Beschädigung wichtiger Anlagen

(1) Wer Wasserleitungen, Schleusen, Wehre, Deiche, Dämme oder andere Wasserbauten oder Brücken, Fähren, Wege oder Schutzwehre oder dem Bergwerksbetrieb dienende Vorrichtungen zur Wasserhaltung, zur Wetterführung oder zum Ein- und Ausfahren der Beschäftigten beschädigt oder zerstört und dadurch Leib oder Leben eines anderen Menschen gefährdet, wird mit Freiheitsstrafe von drei Monaten bis zu fünf Jahren bestraft.

(2) Der Versuch ist strafbar.

(3) Verursacht der Täter durch die Tat eine schwere Gesundheitsschädigung eines anderen Menschen oder eine Gesundheitsschädigung einer großen Zahl von Menschen, so ist auf Freiheitsstrafe von einem Jahr bis zu zehn Jahren zu erkennen.

(4) Verursacht der Täter durch die Tat den Tod eines anderen Menschen, so ist die Strafe Freiheitsstrafe nicht unter drei Jahren.

(5) In minder schweren Fällen des Absatzes 3 ist auf Freiheitsstrafe von sechs Monaten bis zu fünf Jahren, in minder schweren Fällen des Absatzes 4 auf Freiheitsstrafe von einem Jahr bis zu zehn Jahren zu erkennen.

(6) Wer in den Fällen des Absatzes 1

1. die Gefahr fahrlässig verursacht oder
2. fahrlässig handelt und die Gefahr fahrlässig verursacht,

wird mit Freiheitsstrafe bis zu drei Jahren oder mit Geldstrafe bestraft.

Anhang C: Das 16. und 18. StrÄndG

Die nachfolgende Anlage C bezieht sich auf die Ausführungen in *Kapitel 2.2.2 am Ende*. Die Übersicht stammt aus TRIFFTERER 1980: 283-289.

I. Die Strafbestimmungen des Gesetzes zur Bekämpfung der Umweltkriminalität (18. StrÄndG) im Vergleich mit den Strafbestimmungen des Entwurfs eines Sechzehnten Strafrechtsänderungsgesetzes – Gesetz zur Bekämpfung der Umweltkriminalität – (16. StrÄndG)*

Entwurf	Beschlüsse des 6. Auschusses
17. Nach § 323 c wird folgender Abschnitt eingefügt:	17. Nach § 323 c wird folgender Abschnitt eingefügt:
„Achtundzwanzigster Abschnitt Straftaten gegen die Umwelt	„Achtundzwanzigster Abschnitt Straftaten gegen die Umwelt
§ 324 Verunreinigung eines Gewässers	§ 324
(1) Wer unbefugt ein Gewässer verunreinigt oder sonst dessen Eigenschaften nachteilig verändert, wird mit Freiheitsstrafe bis zu fünf Jahren oder mit Geldstrafe bestraft.	unverändert
(2) Der Versuch ist strafbar.	
(3) Handelt der Täter fahrlässig, so ist die Strafe Freiheitsstrafe bis zu zwei Jahren oder Geldstrafe.	
§ 325 Luftverunreinigung und Lärm	§ 325 Luftverunreinigung und Lärm
(1) Wer beim Betrieb einer Anlage, insbesondere einer Betriebsstätte oder einer Maschine, unter Verletzung verwaltungsrechtlicher Pflichten	(1) Wer beim Betrieb einer Anlage, insbesondere einer Betriebsstätte oder einer Maschine, unter Verletzung verwaltungsrechtlicher Pflichten
1. Veränderungen der natürlichen Zusammensetzung der Luft, insbesondere durch Freisetzen von Staub, Gasen, Dämpfen oder Geruchsstoffen, verursacht, die geeignet sind, außerhalb des zur Anlage gehörenden Bereichs die Gesundheit eines anderen, Tiere, Pflanzen oder andere Sachen von bedeutendem Wert zu schädigen, oder	1. unverändert

---

* Die vom Rechtsausschuß beschlossene Fassung ist ohne Änderungen vom Bundestag und vom Bundesrat verabschiedet worden. Hier wird das Gesetz in einer Gegenüberstellung des Regierungsentwurfs mit den Beschlüssen des Rechtsausschusses abgedruckt, um die nach Anhörung der Sachverständigen vorgenommenen Änderungen leichter erkennbar zu machen.
Die Gesetzesfassung ergibt sich aus den unveränderten Teilen des Entwurfs und den Beschlüssen des Rechtsausschusses. Aus dem Entwurf gestrichene Passagen sind in diesem kursiv gesetzt; die Änderungen oder Ergänzungen durch den Rechtsausschuß sind in der Beschlußfassung fettgedruckt.

nicht nur vorübergehend erheblichen Lärm verursacht, der geeignet ist, außerhalb der Anlage gelegenen Bereichs die Gesundheit eines anderen zu schädigen,

wird mit Freiheitsstrafe bis zu fünf Jahren oder mit Geldstrafe bestraft. Satz 1 gilt nicht für Kraftfahrzeuge, Schienen-, Luft- oder Wasserfahrzeuge.

(2) Der Versuch ist strafbar.

(3) Handelt der Täter fahrlässig, so ist die Strafe Freiheitsstrafe bis zu zwei Jahren oder Geldstrafe.

(4) Verwaltungsrechtliche Pflichten im Sinne des Absatzes 1 verletzt, wer grob pflichtwidrig gegen eine vollziehbare Anordnung oder Auflage verstößt, die dem Schutz vor schädlichen Umwelteinwirkungen dient, oder wer eine Anlage ohne die zum Schutz vor schädlichen Umwelteinwirkungen erforderliche Genehmigung oder entgegen einer zu diesem Zweck erlassenen vollziehbaren Untersagung betreibt.

§ 326

Umweltgefährdende Abfallbeseitigung

(1) Wer unbefugt Abfälle, die

1. Gifte oder Erreger gemeingefährlicher oder übertragbarer Krankheiten bei Menschen oder Tieren enthalten oder hervorzurufen können,

2. explosionsgefährlich, selbstentzündlich oder nicht nur geringfügig radioaktiv sind oder

3. nach Art, Beschaffenheit oder Menge geeignet sind, nachhaltig ein Gewässer, die Luft oder den Boden zu verunreinigen oder sonst nachteilig zu verändern,

außerhalb einer dafür zugelassenen Anlage oder unter wesentlicher Abweichung von einem vorgeschriebenen oder zugelassenen Verfahren behandelt, lagert, ablagert, ablässt oder sonst beseitigt, wird mit Freiheitsstrafe bis zu drei Jahren oder mit Geldstrafe bestraft. Satz 1 ist auf nichtgefährliche gefährliche Stoffe nicht anzuwenden.

(2) Ebenso wird bestraft, wer radioaktive Abfälle, zu deren Ablieferung er nach dem Atomgesetz oder einer auf Grund des Atomgesetzes erlassenen Rechtsverordnung verpflichtet ist, nicht abliefert.

(3) In den Fällen des Absatzes 1 ist der Versuch strafbar.

(4) Handelt der Täter fahrlässig, so ist die Strafe Freiheitsstrafe bis zu einem Jahr oder Geldstrafe.

2. Lärm verursacht, der geeignet ist, außerhalb des zur Anlage gehörenden Bereichs die Gesundheit eines anderen zu schädigen,

wird mit Freiheitsstrafe bis zu fünf Jahren oder mit Geldstrafe bestraft. Satz 1 gilt nicht für Kraftfahrzeuge, Schienen-, Luft- oder Wasserfahrzeuge.

(2) unverändert

(3) unverändert

(4) Verwaltungsrechtliche Pflichten im Sinne des Absatzes 1 verletzt, wer grob pflichtwidrig gegen eine vollziehbare Anordnung oder Auflage verstößt, die dem Schutz vor schädlichen Umwelteinwirkungen dient, oder wer eine Anlage ohne die zum Schutz vor schädlichen Umwelteinwirkungen erforderliche Genehmigung oder entgegen einer zu diesem Zweck erlassenen vollziehbaren Untersagung betreibt.

§ 326

Umweltgefährdende Abfallbeseitigung

(1) Wer unbefugt Abfälle, die

1. unverändert

2. unverändert

3. nach Art, Beschaffenheit oder Menge geeignet sind, nachhaltig ein Gewässer, die Luft oder den Boden zu verunreinigen oder sonst nachteilig zu verändern,

außerhalb einer dafür zugelassenen Anlage oder unter wesentlicher Abweichung von einem vorgeschriebenen oder zugelassenen Verfahren behandelt, lagert, ablagert, ablässt oder sonst beseitigt, wird mit Freiheitsstrafe bis zu drei Jahren oder mit Geldstrafe bestraft.

(2) unverändert

(3) unverändert

(4) unverändert

(5) Die Tat ist dann nicht strafbar, wenn schädliche Einwirkungen auf die Umwelt, insbesondere auf Menschen, Gewässer, die Luft, den Boden, Nutztiere oder Nutzpflanzen, wegen der geringen Menge der Abfälle offensichtlich ausgeschlossen sind.

§ 327

Unerlaubtes Betreiben von Anlagen

(1) Wer ohne die erforderliche Genehmigung oder entgegen einer vollziehbaren Untersagung eine kerntechnische Anlage betreibt, eine betriebsbereite oder stillgelegte kerntechnische Anlage innehat oder eine solche Anlage oder ihren Betrieb wesentlich ändert, wird mit Freiheitsstrafe bis zu fünf Jahren oder mit Geldstrafe bestraft.

(2) Mit Freiheitsstrafe bis zu zwei Jahren oder mit Geldstrafe wird bestraft, wer

1. eine genehmigungsbedürftige Anlage im Sinne des Bundes-Immissionsschutzgesetzes oder

2. eine Abfallbeseitigungsanlage im Sinne des Abfallbeseitigungsgesetzes

ohne die jeweils zum Betrieb oder einer wesentlichen Änderung des Betriebs erforderliche Genehmigung oder Planfeststellung oder entgegen einer auf dem jeweiligen Gesetz beruhenden vollziehbaren Untersagung betreibt.

(3) Handelt der Täter fahrlässig, so ist die Strafe

1. in den Fällen des Absatzes 1 Freiheitsstrafe bis zu zwei Jahren oder Geldstrafe,

2. in den Fällen des Absatzes 2 Freiheitsstrafe bis zu einem Jahr oder Geldstrafe.

§ 328

Unerlaubter Umgang mit Kernbrennstoffen

(1) Wer ohne die erforderliche Genehmigung oder entgegen einer vollziehbaren Untersagung

1. Kernbrennstoffe einführt, ausführt, befördert, versendet oder sonst verwendet oder von dem in einer Genehmigung festgelegten Verfahren für die Bearbeitung, Verarbeitung oder sonstige Verwendung wesentlich abweicht oder die in der Genehmigung bezeichnete Betriebsstätte oder deren Lage wesentlich ändert,

2. Kernbrennstoffe

   a) außerhalb der staatlichen Verwahrung aufbewahrt

   b) befördert oder

   c) enthält, ausführt oder sonst in den Geltungsbereich oder aus dem Geltungsbereich dieses Gesetzes verbringt,

wird mit Freiheitsstrafe bis zu fünf Jahren oder mit Geldstrafe bestraft.

§ 328

unverändert

140

(2) Ebenso wird bestraft, wer

1. Kernbrennstoffe, zu deren Ablieferung er auf Grund des Atomgesetzes verpflichtet ist, nicht unverzüglich abliefert,
2. Kernbrennstoffe an Unberechtigte herausgibt.

(3) Handelt der Täter fahrlässig, so ist die Strafe Freiheitsstrafe bis zu zwei Jahren oder Geldstrafe.

§ 329
Gefährdung schutzbedürftiger Gebiete

(1) Wer entgegen einer auf Grund des Bundes-Immissionsschutzgesetzes erlassenen Rechtsverordnung über ein Gebiet, das einen besonderen Schutzes vor schädlichen Umwelteinwirkungen durch Luftverunreinigungen oder Geräusche bedarf oder in dem während austauschsarmer Wetterlagen ein starkes Anwachsen schädlicher Umwelteinwirkungen durch Luftverunreinigungen zu befürchten ist, Anlagen innerhalb des Gebietes betreibt, wird mit Freiheitsstrafe bis zu zwei Jahren oder mit Geldstrafe bestraft. Ebenso wird bestraft, wer innerhalb eines solchen Gebietes entgegen einer vollziehbaren Anordnung betreibt, die auf Grund einer in Satz 1 bezeichneten Rechtsverordnung ergangen ist. Die Sätze 1 und 2 gelten nicht für Kraftfahrzeuge, Schienen-, Luft- oder Wasserfahrzeuge.

(2) Ebenso wird bestraft, wer innerhalb eines Wasser- oder Quellenschutzgebietes entgegen einer zu deren Schutz erlassenen Rechtsvorschrift

1. betriebsfremde Stoffe in Rohrleitungsanlagen befördert oder
2. wassergefährdende Stoffe in Lagern, Abfüllen oder Umschlägen wassergefährdender Stoffe betreibt,
3. im Rahmen eines Gewerbebetriebes Kies, Sand, Ton oder andere feste Stoffe abbaut.

(3) Ebenso wird bestraft, wer innerhalb eines Naturschutzgebietes oder eines Nationalparks oder innerhalb einer als Naturschutzgebiet einstweilig sichergestellten Fläche entgegen einer zu deren Schutz erlassenen Rechtsvorschrift oder vollziehbaren Untersagung

1. u n v e r ä n d e r t
2. u n v e r ä n d e r t
3. u n v e r ä n d e r t

1. Bodenbestandteile oder andere Bodenbestandteile abbaut oder gewinnt,
2. Abgrabungen oder Aufschüttungen vornimmt,
3. Gewässer schafft, verändert oder beseitigt,

4. Moore, Sümpfe, Brüche oder sonstige Feuchtgebiete entwässert oder
5. Wald rodet

und dadurch wesentliche Bestandteile eines solchen Gebietes beeinträchtigt.

(4) Handelt der Täter fahrlässig, so ist die Strafe Freiheitsstrafe bis zu einem Jahr oder Geldstrafe.

§ 330
Schwere Umweltgefährdung

(1) Mit Freiheitsstrafe von drei Monaten bis zu fünf Jahren wird bestraft, wer

1. eine Tat nach § 324 Abs. 1, § 326 Abs. 1, 2, § 327 Abs. 1, 2, § 328 Abs. 1, 2 oder nach § 329 Abs. 1 bis 3 begeht,
2. unbefugt
   a) die natürliche Zusammensetzung der Luft oder eines Gewässers nachteilig verändert,
   b) erhebliches Lärm oder Erschütterungen beim Betrieb einer Anlage, insbesondere einer Betriebsstätte oder Maschine, verursacht oder
   c) ionisierende Strahlen freisetzt,
3. eine Rohrleitungsanlage zum Befördern wassergefährdender Stoffe oder eine betriebliche Anlage zum Lagern, Abfüllen oder Umschlagen wassergefährdender Stoffe ohne die erforderliche Genehmigung, Eignungsfeststellung oder Bauartzulassung oder entgegen einer vollziehbaren Untersagung, Anordnung oder Auflage, die dem Schutz vor schädlichen Umwelteinwirkungen ergangen ist, oder unter grob pflichtwidrigem Verstoß gegen die allgemein anerkannten Regeln der Technik betreibt oder
4. Kernbrennstoffe, sonstige radioaktive Stoffe, explosionsgefährliche Stoffe oder sonstige gefährliche Güter als Führer eines Fahrzeuges oder als sonst für die Sicherheit oder die Beförderung Verantwortlicher ohne die erforderliche Genehmigung oder Erlaubnis oder entgegen einer vollziehbaren Untersagung, Anordnung oder Auflage, die zum Schutz vor schädlichen Umwelteinwirkungen ergangen ergehen an, oder unter grob pflichtwidrigen Verstoß gegen Rechtsvorschriften zur Sicherung vor den von diesen Gütern ausgehenden Gefahren befördert, versendet, verpackt oder auspackt, verlädt oder entlädt, entgegennimmt oder anderen überläßt oder Kennzeichnungen unterläßt

und dadurch Leib oder Leben eines anderen, fremde Sachen von bedeutendem Wert, die öffentliche Wasserversorgung oder eines staatlich anerkannte Heilquelle gefährdet. Satz 1

§ 330
Schwere Umweltgefährdung

(1) Mit Freiheitsstrafe von drei Monaten bis zu fünf Jahren wird bestraft, wer

1. u n v e r ä n d e r t

2. **beim Betrieb einer Anlage, insbesondere einer Betriebsstätte oder Maschine, gegen eine Rechtsvorschrift, vollziehbare Untersagung, Anordnung oder Auflage verstößt, die dem Schutz vor Luftverunreinigungen, Lärm, Erschütterungen, Strahlen oder sonstigen schädlichen Umwelteinwirkungen oder außerdem Gefahren für die Allgemeinheit aus deren Nachbarschaft dient,**

3. eine Rohrleitungsanlage zum Befördern wassergefährdender Stoffe oder eine betriebliche Anlage zum Lagern, Abfüllen oder Umschlagen wassergefährdender Stoffe ohne die erforderliche Genehmigung, Eignungsfeststellung oder Bauartzulassung oder entgegen einer vollziehbaren Untersagung, Anordnung oder Auflage, die dem Schutz vor schädlichen Umwelteinwirkungen auf die Umwelt dient, oder unter grob pflichtwidrigen Verstoß gegen die allgemein anerkannten Regeln der Technik betreibt oder

4. Kernbrennstoffe, sonstige radioaktive Stoffe, explosionsgefährliche Stoffe oder sonstige gefährliche Güter als Führer eines Fahrzeuges oder als sonst für die Sicherheit oder die Beförderung Verantwortlicher ohne die erforderliche Genehmigung oder Erlaubnis oder entgegen einer vollziehbaren Untersagung, Anordnung oder Auflage, die zum Schutz vor schädlichen Einwirkungen auf die Umwelt dient, oder unter grob pflichtwidrigem Verstoß gegen Rechtsvorschriften zur Sicherung vor den von diesen Gütern ausgehenden Gefahren befördert, versendet, verpackt oder auspackt, verlädt oder entlädt, entgegennimmt oder anderen überläßt oder Kennzeichnungen unterläßt

und dadurch Leib oder Leben eines anderen, fremde Sachen von bedeutendem Wert, die öffentliche Wasserversorgung oder eine staatlich anerkannte Heilquelle gefährdet. Satz 1

Nr. 2 gilt nicht für Kraftfahrzeuge, Schienen-, Luft- oder Wasserfahrzeuge.

(2) Ebenso wird bestraft, wer durch eine der in Absatz 1 Satz 1 Nr. 1 bis 4 bezeichneten Handlungen

1. die Eigenschaften eines Gewässers oder eines landwirtschaftlich, forstwirtschaftlich oder gärtnerisch genutzten Bodens derartig beeinträchtigt, daß das Gewässer oder der Boden auf längere Zeit nicht mehr wie bisher genutzt werden kann oder

2. Bestandteile des Naturhaushalts von erheblicher ökologischer Bedeutung derart beeinträchtigt, daß die Beeinträchtigung nicht, nur mit unverhältnismäßigen Schwierigkeiten oder erst nach längerer Zeit wieder beseitigt werden kann.

Absatz 1 Satz 2 gilt entsprechend.

(3) Der Versuch ist strafbar.

(4) In besonders schweren Fällen ist die Strafe Freiheitsstrafe von sechs Monaten bis zu zehn Jahren. Ein besonders schwerer Fall liegt in der Regel vor, wenn der Täter durch die Tat

1. Leib oder Leben einer großen Zahl von Menschen gefährdet oder

2. den Tod eines schwere Körperverletzung (§ 224) eines Menschen leichtfertig verursacht.

(5) Wer in den Fällen des Absatzes 1 oder 2 die Gefahr oder die Beeinträchtigung fahrlässig verursacht, wird mit Freiheitsstrafe bis zu fünf Jahren oder mit Geldstrafe bestraft.

(6) Wer in den Fällen des Absatzes 1 oder 2 fahrlässig handelt und die Gefahr oder die Beeinträchtigung fahrlässig verursacht, wird mit Freiheitsstrafe bis zu drei Jahren oder mit Geldstrafe bestraft.

§ 330 a
Schwere Gefährdung durch Freisetzen von Giften

(1) Wer Gifte in der Luft oder in einem Gewässer, im Boden oder sonst verbreitet oder freisetzt und dadurch einen anderen in die Gefahr des Todes oder einer schweren Körperverletzung (§ 224) bringt, wird mit Freiheitsstrafe von sechs Monaten bis zu zehn Jahren bestraft.

(2) Wer die Gefahr fahrlässig verursacht, wird mit Freiheitsstrafe bis zu fünf Jahren oder mit Geldstrafe bestraft.

Nr. 2 gilt nicht für Kraftfahrzeuge, Schienen-, Luft- oder Wasserfahrzeuge.

(2) unverändert

(3) unverändert

(4) unverändert

(5) unverändert

(6) unverändert

§ 330 a
Schwere Gefährdung durch Freisetzen von Giften

(1) Wer Gifte in der Luft, in einem Gewässer, im Boden oder sonst verbreitet oder freisetzt und dadurch einen anderen in die Gefahr des Todes oder einer schweren Körperverletzung (§ 224) bringt, wird mit Freiheitsstrafe von sechs Monaten bis zu zehn Jahren bestraft.

(2) unverändert

§ 330 b
Tätige Reue

(1) Das Gericht kann in den Fällen des § 330 Abs. 1 und 5 in Verbindung mit Absatz 1 und des § 330 a die Strafe nach seinem Ermessen mildern (§ 49 Abs. 2) oder von einer Bestrafung nach diesen Vorschriften absehen, wenn der Täter freiwillig die Gefahr abwendet, bevor ein erheblicher Schaden entsteht. Unter denselben Voraussetzungen wird der Täter nicht nach § 330 Abs. 6 in Verbindung mit Absatz 1 bestraft.

(2) Wird ohne Zutun des Täters die Gefahr abgewendet, so genügt sein freiwilliges und ernsthaftes Bemühen, dieses Ziel zu erreichen.

§ 330 c
Einziehung

Ist eine Straftat nach § 326 Abs. 1, 2, § 327 Abs. 1 oder § 328 Abs. 1, 2 begangen worden, so können

1. Gegenstände, die durch die Tat hervorgebracht oder zu ihrer Begehung oder Vorbereitung gebraucht worden oder bestimmt gewesen sind, und

2. Gegenstände, auf die sich die Tat bezieht,

eingezogen werden.

§ 330 d
Begriffsbestimmungen

Im Sinne dieses Abschnitts ist

1. ein Gewässer:
ein oberirdisches Gewässer und das Grundwasser im räumlichen Geltungsbereich dieses Gesetzes und das Meer;

2. eine kerntechnische Anlage:
eine Anlage zur Erzeugung oder zur Spaltung oder zur Verarbeitung oder zur Aufbewahrung von Kernbrennstoffen oder zur Aufarbeitung bestrahlter Kernbrennstoffe;

3. eine betriebliche Anlage zum Lagern, Abfüllen oder Umschlagen wassergefährdender Stoffe oder eine Anlage in einem öffentlichen Unternehmen;

4. ein gefährliches Gut:
ein Gut im Sinne des Gesetzes über die Beförderung gefährlicher Güter und einer darauf beruhenden Rechtsverordnung und im Sinne der Rechtsvorschriften über die internationale Beförderung gefährlicher Güter im jeweiligen Anwendungsbereich."

§ 330 b
Tätige Reue

(1) unverändert

(2) unverändert

§ 330 c
Einziehung

1. unverändert

2. unverändert

§ 330 d
Begriffsbestimmungen

Im Sinne dieses Abschnitts ist

1. unverändert

2. unverändert

3. unverändert

4. unverändert

Anhang D: Aktuelle Rechtsvorschriften außerhalb des StGB

Gerichtsverfassungsgesetz (GVG)

§ 152

(1) Die Ermittlungspersonen der Staatsanwaltschaft sind in dieser Eigenschaft verpflichtet, den Anordnungen der Staatsanwaltschaft ihres Bezirks und der dieser vorgesetzten Beamten Folge zu leisten.
(2) Die Landesregierungen werden ermächtigt, durch Rechtsverordnung diejenigen Beamten- und Angestelltengruppen zu bezeichnen, auf die diese Vorschrift anzuwenden ist. Die Angestellten müssen im öffentlichen Dienst stehen, das 21. Lebensjahr vollendet haben und mindestens zwei Jahre in den bezeichneten Beamten- oder Angestelltengruppen tätig gewesen sein. Die Landesregierungen können die Ermächtigung durch Rechtsverordnung auf die Landesjustizverwaltungen übertragen.

Gesetz zur Förderung der Kreislaufwirtschaft und Sicherung der umweltverträglichen Bewirtschaftung von Abfällen (Kreislaufwirtschaftsgesetz - KrWG)

§ 3 Begriffsbestimmungen

(1) Abfälle im Sinne dieses Gesetzes sind alle Stoffe oder Gegenstände, derer sich ihr Besitzer entledigt, entledigen will oder entledigen muss. Abfälle zur Verwertung sind Abfälle, die verwertet werden; Abfälle, die nicht verwertet werden, sind Abfälle zur Beseitigung.
(2) Eine Entledigung im Sinne des Absatzes 1 ist anzunehmen, wenn der Besitzer Stoffe oder Gegenstände einer Verwertung im Sinne der Anlage 2 oder einer Beseitigung im Sinne der Anlage 1 zuführt oder die tatsächliche Sachherrschaft über sie unter Wegfall jeder weiteren Zweckbestimmung aufgibt.
(3) Der Wille zur Entledigung im Sinne des Absatzes 1 ist hinsichtlich solcher Stoffe oder Gegenstände anzunehmen,

1. die bei der Energieumwandlung, Herstellung, Behandlung oder Nutzung von Stoffen oder Erzeugnissen oder bei Dienstleistungen anfallen, ohne dass der Zweck der jeweiligen Handlung hierauf gerichtet ist, oder
2. deren ursprüngliche Zweckbestimmung entfällt oder aufgegeben wird, ohne dass ein neuer Verwendungszweck unmittelbar an deren Stelle tritt.

Für die Beurteilung der Zweckbestimmung ist die Auffassung des Erzeugers oder Besitzers unter Berücksichtigung der Verkehrsanschauung zugrunde zu legen.
(4) Der Besitzer muss sich Stoffen oder Gegenständen im Sinne des Absatzes 1 entledigen, wenn diese nicht mehr entsprechend ihrer ursprünglichen Zweckbestimmung verwendet werden, auf Grund ihres konkreten Zustandes geeignet sind, gegenwärtig oder künftig das Wohl der Allgemeinheit, insbesondere die Umwelt, zu gefährden und deren Gefährdungspotenzial nur durch eine ordnungsgemäße und schadlose Verwertung oder gemeinwohlverträgliche Beseitigung nach den Vorschriften dieses Gesetzes und

der auf Grund dieses Gesetzes erlassenen Rechtsverordnungen ausgeschlossen werden kann.

(5) Gefährlich im Sinne dieses Gesetzes sind die Abfälle, die durch Rechtsverordnung nach § 48 Satz 2 oder auf Grund einer solchen Rechtsverordnung bestimmt worden sind. Nicht gefährlich im Sinne dieses Gesetzes sind alle übrigen Abfälle.

(6) Inertabfälle im Sinne dieses Gesetzes sind mineralische Abfälle,

1. die keinen wesentlichen physikalischen, chemischen oder biologischen Veränderungen unterliegen,
2. die sich nicht auflösen, nicht brennen und nicht in anderer Weise physikalisch oder chemisch reagieren,
3. die sich nicht biologisch abbauen und
4. die andere Materialien, mit denen sie in Kontakt kommen, nicht in einer Weise beeinträchtigen, die zu nachteiligen Auswirkungen auf Mensch und Umwelt führen könnte.

Die gesamte Auslaugbarkeit und der Schadstoffgehalt der Abfälle sowie die Ökotoxizität des Sickerwassers müssen unerheblich sein und dürfen insbesondere nicht die Qualität von Oberflächen- oder Grundwasser gefährden.

(7) Bioabfälle im Sinne dieses Gesetzes sind biologisch abbaubare pflanzliche, tierische oder aus Pilzmaterialien bestehende

1. Garten- und Parkabfälle,
2. Landschaftspflegeabfälle,
3. Nahrungs- und Küchenabfälle aus Haushaltungen, aus dem Gaststätten- und Cateringgewerbe, aus dem Einzelhandel und vergleichbare Abfälle aus Nahrungsmittelverarbeitungsbetrieben sowie
4. Abfälle aus sonstigen Herkunftsbereichen, die den in den Nummern 1 bis 3 genannten Abfällen nach Art, Beschaffenheit oder stofflichen Eigenschaften vergleichbar sind.

(8) Erzeuger von Abfällen im Sinne dieses Gesetzes ist jede natürliche oder juristische Person,

1. durch deren Tätigkeit Abfälle anfallen (Ersterzeuger) oder
2. die Vorbehandlungen, Mischungen oder sonstige Behandlungen vornimmt, die eine Veränderung der Beschaffenheit oder der Zusammensetzung dieser Abfälle bewirken (Zweiterzeuger).

(9) Besitzer von Abfällen im Sinne dieses Gesetzes ist jede natürliche oder juristische Person, die die tatsächliche Sachherrschaft über Abfälle hat.

(10) Sammler von Abfällen im Sinne dieses Gesetzes ist jede natürliche oder juristische Person, die gewerbsmäßig oder im Rahmen wirtschaftlicher Unternehmen, das heißt, aus Anlass einer anderweitigen gewerblichen oder

wirtschaftlichen Tätigkeit, die nicht auf die Sammlung von Abfällen gerichtet ist, Abfälle sammelt.
(11) Beförderer von Abfällen im Sinne dieses Gesetzes ist jede natürliche oder juristische Person, die gewerbsmäßig oder im Rahmen wirtschaftlicher Unternehmen, das heißt, aus Anlass einer anderweitigen gewerblichen oder wirtschaftlichen Tätigkeit, die nicht auf die Beförderung von Abfällen gerichtet ist, Abfälle befördert.
(12) Händler von Abfällen im Sinne dieses Gesetzes ist jede natürliche oder juristische Person, die gewerbsmäßig oder im Rahmen wirtschaftlicher Unternehmen, das heißt, aus Anlass einer anderweitigen gewerblichen oder wirtschaftlichen Tätigkeit, die nicht auf das Handeln mit Abfällen gerichtet ist, oder öffentlicher Einrichtungen in eigener Verantwortung Abfälle erwirbt und weiterveräußert; die Erlangung der tatsächlichen Sachherrschaft über die Abfälle ist hierfür nicht erforderlich.
(13) Makler von Abfällen im Sinne dieses Gesetzes ist jede natürliche oder juristische Person, die gewerbsmäßig oder im Rahmen wirtschaftlicher Unternehmen, das heißt, aus Anlass einer anderweitigen gewerblichen oder wirtschaftlichen Tätigkeit, die nicht auf das Makeln von Abfällen gerichtet ist, oder öffentlicher Einrichtungen für die Bewirtschaftung von Abfällen für Dritte sorgt; die Erlangung der tatsächlichen Sachherrschaft über die Abfälle ist hierfür nicht erforderlich.
(14) Abfallbewirtschaftung im Sinne dieses Gesetzes sind die Bereitstellung, die Überlassung, die Sammlung, die Beförderung, die Verwertung und die Beseitigung von Abfällen, einschließlich der Überwachung dieser Verfahren, der Nachsorge von Beseitigungsanlagen sowie der Tätigkeiten, die von Händlern und Maklern vorgenommen werden.
(15) Sammlung im Sinne dieses Gesetzes ist das Einsammeln von Abfällen, einschließlich deren vorläufiger Sortierung und vorläufiger Lagerung zum Zweck der Beförderung zu einer Abfallbehandlungsanlage.
(16) Getrennte Sammlung im Sinne dieses Gesetzes ist eine Sammlung, bei der ein Abfallstrom nach Art und Beschaffenheit des Abfalls getrennt gehalten wird, um eine bestimmte Behandlung zu erleichtern oder zu ermöglichen.
(17) Eine gemeinnützige Sammlung von Abfällen im Sinne dieses Gesetzes ist eine Sammlung, die durch eine nach § 5 Absatz 1 Nummer 9 des Körperschaftsteuergesetzes in der Fassung der Bekanntmachung vom 15. Oktober 2002 (BGBl. I S. 4144), das zuletzt durch Artikel 8 des Gesetzes vom 22. Juni 2011 (BGBl. I S. 1126) geändert worden ist, in der jeweils geltenden Fassung steuerbefreite Körperschaft, Personenvereinigung oder Vermögensmasse getragen wird und der Beschaffung von Mitteln zur Verwirklichung ihrer gemeinnützigen, mildtätigen oder kirchlichen Zwecke im Sinne der §§ 52 bis 54 der Abgabenordnung dient. Um eine gemeinnützige Sammlung von Abfällen handelt es sich auch dann, wenn die Körperschaft, Personenvereinigung oder Vermögensmasse nach Satz 1 einen gewerblichen Sammler mit der Sammlung beauftragt und dieser den Veräußerungserlös nach Abzug seiner Kosten und eines angemessenen Gewinns vollständig an die Körperschaft, Personenvereinigung oder Vermögensmasse auskehrt.
(18) Eine gewerbliche Sammlung von Abfällen im Sinne dieses Gesetzes ist eine Sammlung, die zum Zweck der Einnahmeerzielung erfolgt. Die Durchführung der Sammeltätigkeit auf der Grundlage vertraglicher Bindungen zwischen dem Sammler und der privaten Haushaltung in dauerhaften Strukturen steht einer gewerblichen Sammlung nicht entgegen.
(19) Kreislaufwirtschaft im Sinne dieses Gesetzes sind die Vermeidung und Verwertung von Abfällen.

(20) Vermeidung im Sinne dieses Gesetzes ist jede Maßnahme, die ergriffen wird, bevor ein Stoff, Material oder Erzeugnis zu Abfall geworden ist, und dazu dient, die Abfallmenge, die schädlichen Auswirkungen des Abfalls auf Mensch und Umwelt oder den Gehalt an schädlichen Stoffen in Materialien und Erzeugnissen zu verringern. Hierzu zählen insbesondere die anlageninterne Kreislaufführung von Stoffen, die abfallarme Produktgestaltung, die Wiederverwendung von Erzeugnissen oder die Verlängerung ihrer Lebensdauer sowie ein Konsumverhalten, das auf den Erwerb von abfall- und schadstoffarmen Produkten sowie die Nutzung von Mehrwegverpackungen gerichtet ist.
(21) Wiederverwendung im Sinne dieses Gesetzes ist jedes Verfahren, bei dem Erzeugnisse oder Bestandteile, die keine Abfälle sind, wieder für denselben Zweck verwendet werden, für den sie ursprünglich bestimmt waren.
(22) Abfallentsorgung im Sinne dieses Gesetzes sind Verwertungs- und Beseitigungsverfahren, einschließlich der Vorbereitung vor der Verwertung oder Beseitigung.
(23) Verwertung im Sinne dieses Gesetzes ist jedes Verfahren, als dessen Hauptergebnis die Abfälle innerhalb der Anlage oder in der weiteren Wirtschaft einem sinnvollen Zweck zugeführt werden, indem sie entweder andere Materialien ersetzen, die sonst zur Erfüllung einer bestimmten Funktion verwendet worden wären, oder indem die Abfälle so vorbereitet werden, dass sie diese Funktion erfüllen. Anlage 2 enthält eine nicht abschließende Liste von Verwertungsverfahren.
(24) Vorbereitung zur Wiederverwendung im Sinne dieses Gesetzes ist jedes Verwertungsverfahren der Prüfung, Reinigung oder Reparatur, bei dem Erzeugnisse oder Bestandteile von Erzeugnissen, die zu Abfällen geworden sind, so vorbereitet werden, dass sie ohne weitere Vorbehandlung wieder für denselben Zweck verwendet werden können, für den sie ursprünglich bestimmt waren.
(25) Recycling im Sinne dieses Gesetzes ist jedes Verwertungsverfahren, durch das Abfälle zu Erzeugnissen, Materialien oder Stoffen entweder für den ursprünglichen Zweck oder für andere Zwecke aufbereitet werden; es schließt die Aufbereitung organischer Materialien ein, nicht aber die energetische Verwertung und die Aufbereitung zu Materialien, die für die Verwendung als Brennstoff oder zur Verfüllung bestimmt sind.
(26) Beseitigung im Sinne dieses Gesetzes ist jedes Verfahren, das keine Verwertung ist, auch wenn das Verfahren zur Nebenfolge hat, dass Stoffe oder Energie zurückgewonnen werden. Anlage 1 enthält eine nicht abschließende Liste von Beseitigungsverfahren.
(27) Deponien im Sinne dieses Gesetzes sind Beseitigungsanlagen zur Ablagerung von Abfällen oberhalb der Erdoberfläche (oberirdische Deponien) oder unterhalb der Erdoberfläche (Untertagedeponien). Zu den Deponien zählen auch betriebsinterne Abfallbeseitigungsanlagen für die Ablagerung von Abfällen, in denen ein Erzeuger von Abfällen die Abfallbeseitigung am Erzeugungsort vornimmt.
(28) Stand der Technik im Sinne dieses Gesetzes ist der Entwicklungsstand fortschrittlicher Verfahren, Einrichtungen oder Betriebsweisen, der die praktische Eignung einer Maßnahme zur Begrenzung von Emissionen in Luft, Wasser und Boden, zur Gewährleistung der Anlagensicherheit, zur Gewährleistung einer umweltverträglichen Abfallentsorgung oder sonst zur Vermeidung oder Verminderung von Auswirkungen auf die Umwelt zur Erreichung eines allgemein hohen Schutzniveaus für die Umwelt insgesamt gesichert erscheinen lässt. Bei der Bestimmung des Standes der Technik sind insbesondere die in Anlage 3 aufgeführten Kriterien zu berücksichtigen.

§ 59 Bestellung eines Betriebsbeauftragten für Abfall

(1) Betreiber von genehmigungsbedürftigen Anlagen im Sinne des § 4 des Bundes-Immissionsschutzgesetzes, Betreiber von Anlagen, in denen regelmäßig gefährliche Abfälle anfallen, Betreiber ortsfester Sortier-, Verwertungs- oder Abfallbeseitigungsanlagen sowie Besitzer im Sinne des § 27 haben unverzüglich einen oder mehrere Betriebsbeauftragte für Abfall (Abfallbeauftragte) zu bestellen, sofern dies im Hinblick auf die Art oder die Größe der Anlagen erforderlich ist wegen der

1. in den Anlagen anfallenden, verwerteten oder beseitigten Abfälle,
2. technischen Probleme der Vermeidung, Verwertung oder Beseitigung oder
3. Eignung der Produkte oder Erzeugnisse, die bei oder nach bestimmungsgemäßer Verwendung Probleme hinsichtlich der ordnungsgemäßen und schadlosen Verwertung oder umweltverträglichen Beseitigung hervorrufen.

Das Bundesministerium für Umwelt, Naturschutz und Reaktorsicherheit bestimmt nach Anhörung der beteiligten Kreise (§ 68) durch Rechtsverordnung mit Zustimmung des Bundesrates die Anlagen nach Satz 1, deren Betreiber Abfallbeauftragte zu bestellen haben.
(2) Die zuständige Behörde kann anordnen, dass Betreiber von Anlagen nach Absatz 1 Satz 1, für die die Bestellung eines Abfallbeauftragten nicht durch Rechtsverordnung vorgeschrieben ist, einen oder mehrere Abfallbeauftragte zu bestellen haben, soweit sich im Einzelfall die Notwendigkeit der Bestellung aus den in Absatz 1 Satz 1 genannten Gesichtspunkten ergibt.
(3) Ist nach § 53 des Bundes-Immissionsschutzgesetzes ein Immissionsschutzbeauftragter oder nach § 64 des Wasserhaushaltsgesetzes ein Gewässerschutzbeauftragter zu bestellen, so können diese auch die Aufgaben und Pflichten eines Abfallbeauftragten nach diesem Gesetz wahrnehmen.

§ 69 Bußgeldvorschriften

(1) Ordnungswidrig handelt, wer vorsätzlich oder fahrlässig

1. entgegen § 12 Absatz 4 oder § 56 Absatz 4 Satz 2 ein dort genanntes Zeichen führt,
2. entgegen § 28 Absatz 1 Satz 1 Abfälle zur Beseitigung behandelt, lagert oder ablagert,
3. ohne Planfeststellungsbeschluss nach § 35 Absatz 2 Satz 1 oder ohne Plangenehmigung nach § 35 Absatz 3 Satz 1 eine Deponie errichtet oder wesentlich ändert,
4. einer vollziehbaren Auflage nach § 36 Absatz 4 Satz 1 oder Satz 3, § 39 Absatz 1 Satz 1 oder Absatz 2 Satz 1, § 53 Absatz 3 Satz 2 oder § 54 Absatz 2 zuwiderhandelt,
5. einer mit einer Zulassung nach § 37 Absatz 1 Satz 1 verbundenen vollziehbaren Auflage zuwiderhandelt,

6. einer vollziehbaren Untersagung nach § 53 Absatz 3 Satz 3 zuwiderhandelt,

7. ohne Erlaubnis nach § 54 Absatz 1 Satz 1 gefährliche Abfälle sammelt, befördert, mit ihnen Handel treibt oder diese makelt oder

8. einer Rechtsverordnung nach § 10 Absatz 1, § 11 Absatz 2 Satz 1 oder Satz 2 oder Absatz 3 Nummer 1, 2 oder Nummer 3, § 12 Absatz 7, § 16 Satz 1 Nummer 1 oder Nummer 2, § 24, § 25 Absatz 1 Nummer 1, 2 oder Nummer 3, Absatz 2 Nummer 2, 3 oder Nummer 4, § 28 Absatz 3 Satz 2, § 43 Absatz 1 Satz 1 Nummer 2 bis 5, 7 oder Nummer 8 oder § 57 Satz 2 Nummer 1 bis 7 oder Nummer 8 oder einer vollziehbaren Anordnung auf Grund einer solchen Rechtsverordnung zuwiderhandelt, soweit die Rechtsverordnung für einen bestimmten Tatbestand auf diese Bußgeldvorschrift verweist.

(2) Ordnungswidrig handelt, wer vorsätzlich oder fahrlässig

1. entgegen § 18 Absatz 1 Satz 1, § 26 Absatz 2, § 40 Absatz 1 Satz 1 oder § 53 Absatz 1 Satz 1 eine Anzeige nicht, nicht richtig, nicht vollständig oder nicht rechtzeitig erstattet,

2. entgegen § 34 Absatz 1 Satz 1 das Betreten eines Grundstücks oder eine dort genannte Maßnahme nicht duldet,

3. entgegen § 41 Absatz 1 Satz 1 in Verbindung mit einer Rechtsverordnung nach § 41 Absatz 2 Satz 1 eine Emissionserklärung nicht, nicht richtig, nicht vollständig oder nicht rechtzeitig abgibt oder nicht, nicht richtig, nicht vollständig oder nicht rechtzeitig ergänzt,

4. entgegen § 47 Absatz 3 Satz 1 eine Auskunft nicht richtig, nicht vollständig oder nicht rechtzeitig erteilt,

5. entgegen § 47 Absatz 3 Satz 2 oder Satz 3 das Betreten eines Grundstücks oder eines Wohn-, Geschäfts- oder Betriebsraumes, die Einsicht in eine Unterlage oder die Vornahme einer technischen Ermittlung oder Prüfung nicht gestattet,

6. entgegen § 47 Absatz 4 eine dort genannte Anlage nicht zugänglich macht oder eine Arbeitskraft, ein Werkzeug oder eine Unterlage nicht zur Verfügung stellt,

7. einer vollziehbaren Anordnung nach § 47 Absatz 4, § 51 Absatz 1 Satz 1 oder § 59 Absatz 2 zuwiderhandelt,

8. entgegen § 49 Absatz 1, auch in Verbindung mit § 49 Absatz 3 oder einer Rechtsverordnung nach § 10 Absatz 2 Nummer 1 Buchstabe b oder § 52 Absatz 1 Satz 1 oder Satz 2 Nummer 3 oder Nummer 5, ein Register nicht, nicht richtig oder nicht vollständig führt,

9. entgegen § 49 Absatz 2 in Verbindung mit einer Rechtsverordnung nach § 52 Absatz 1 Satz 1 eine Angabe nicht, nicht richtig, nicht vollständig oder nicht rechtzeitig verzeichnet,

10. entgegen § 49 Absatz 4, auch in Verbindung mit einer Rechtsverordnung nach § 10 Absatz 2 Nummer 1 Buchstabe b oder § 52 Absatz 1 Satz 1 oder Satz 2 Nummer 3, ein Register nicht, nicht richtig, nicht vollständig oder nicht rechtzeitig vorlegt oder eine Mitteilung nicht, nicht richtig, nicht vollständig oder nicht rechtzeitig macht,

11. entgegen § 49 Absatz 5, auch in Verbindung mit einer Rechtsverordnung nach § 52 Absatz 1 Satz 2 Nummer 6, eine Angabe oder einen Beleg nicht oder nicht für die vorgeschriebene Dauer aufbewahrt,

12. entgegen § 50 Absatz 1 in Verbindung mit einer Rechtsverordnung nach § 52 Absatz 1 Satz 1, jeweils auch in Verbindung mit einer Rechtsverordnung nach § 10 Absatz 2 Nummer 1 Buchstabe b oder § 52 Absatz 1 Satz 2 Nummer 3, einen Nachweis nicht, nicht richtig, nicht vollständig oder nicht rechtzeitig führt,

13. entgegen § 55 Absatz 1 Satz 1 ein Fahrzeug nicht, nicht richtig, nicht vollständig oder nicht rechtzeitig mit Warntafeln versieht,

14. entgegen § 59 Absatz 1 Satz 1 in Verbindung mit einer Rechtsverordnung nach § 59 Absatz 1 Satz 2 einen Abfallbeauftragten nicht oder nicht rechtzeitig bestellt oder

15. einer Rechtsverordnung nach § 10 Absatz 2 Nummer 1 Buchstabe a, Nummer 2 bis 7 oder Nummer 8, jeweils auch in Verbindung mit § 11 Absatz 3 Nummer 4, § 16 Satz 1 Nummer 3 oder § 43 Absatz 5, nach § 25 Absatz 1 Nummer 4 oder Nummer 5, § 43 Absatz 1 Satz 1 Nummer 6 oder Nummer 9, § 52 Absatz 2 Nummer 2 oder Nummer 3, § 53 Absatz 6 Nummer 1, 2 oder Nummer 4, § 54 Absatz 7 Nummer 1, 2 oder Nummer 4 oder § 57 Satz 2 Nummer 9 oder einer vollziehbaren Anordnung auf Grund einer solchen Rechtsverordnung zuwiderhandelt, soweit die Rechtsverordnung für einen bestimmten Tatbestand auf diese Vorschrift verweist.

(3) Die Ordnungswidrigkeit nach Absatz 1 kann mit einer Geldbuße bis zu hunderttausend Euro, die Ordnungswidrigkeit nach Absatz 2 mit einer Geldbuße bis zu zehntausend Euro geahndet werden.

(4) Verwaltungsbehörde im Sinne des § 36 Absatz 1 Nummer 1 des Gesetzes über Ordnungswidrigkeiten ist das Bundesamt für Güterverkehr, soweit es sich um Ordnungswidrigkeiten nach Absatz 1 Nummer 8 oder nach Absatz 2 Nummer 1, 7, 8, 10 bis 13 und 15 handelt und die Zuwiderhandlung im Zusammenhang mit der Beförderung von Abfällen durch Fahrzeuge zur Güterbeförderung auf der Straße in einem Unternehmen begangen wird, das im Inland weder seinen Sitz noch eine geschäftliche Niederlassung hat, und soweit die betroffene Person im Inland keinen Wohnsitz hat.

Gesetz über Ordnungswidrigkeiten (OWiG)

§ 17 Höhe der Geldbuße

(1) Die Geldbuße beträgt mindestens fünf Euro und, wenn das Gesetz nichts anderes bestimmt, höchstens eintausend Euro.
(2) Droht das Gesetz für vorsätzliches und fahrlässiges Handeln Geldbuße an, ohne im Höchstmaß zu unterscheiden, so kann fahrlässiges Handeln im Höchstmaß nur mit der Hälfte des angedrohten Höchstbetrages der Geldbuße geahndet werden.
(3) Grundlage für die Zumessung der Geldbuße sind die Bedeutung der Ordnungswidrigkeit und der Vorwurf, der den Täter trifft. Auch die wirtschaftlichen Verhältnisse des Täters kommen in Betracht; bei geringfügigen Ordnungswidrigkeiten bleiben sie jedoch in der Regel unberücksichtigt.
(4) Die Geldbuße soll den wirtschaftlichen Vorteil, den der Täter aus der Ordnungswidrigkeit gezogen hat, übersteigen. Reicht das gesetzliche Höchstmaß hierzu nicht aus, so kann es überschritten werden.

§ 21 Zusammentreffen von Straftat und Ordnungswidrigkeit

(1) Ist eine Handlung gleichzeitig Straftat und Ordnungswidrigkeit, so wird nur das Strafgesetz angewendet. Auf die in dem anderen Gesetz angedrohten Nebenfolgen kann erkannt werden.
(2) Im Falle des Absatzes 1 kann die Handlung jedoch als Ordnungswidrigkeit geahndet werden, wenn eine Strafe nicht verhängt wird.

§ 117 Unzulässiger Lärm

(1) Ordnungswidrig handelt, wer ohne berechtigten Anlaß oder in einem unzulässigen oder nach den Umständen vermeidbaren Ausmaß Lärm erregt, der geeignet ist, die Allgemeinheit oder die Nachbarschaft erheblich zu belästigen oder die Gesundheit eines anderen zu schädigen.
(2) Die Ordnungswidrigkeit kann mit einer Geldbuße bis zu fünftausend Euro geahndet werden, wenn die Handlung nicht nach anderen Vorschriften geahndet werden kann.

Strafprozeßordnung (StPO)

§ 112a

(1) Ein Haftgrund besteht auch, wenn der Beschuldigte dringend verdächtig ist,
1. eine Straftat nach den §§ 174, 174a, 176 bis 179 oder nach § 238 Abs. 2 und 3 des Strafgesetzbuches oder
2. wiederholt oder fortgesetzt eine die Rechtsordnung schwerwiegend beeinträchtigende Straftat nach § 89a, nach § 125a, nach den §§ 224 bis 227, nach den §§ 243, 244, 249 bis 255, 260, nach § 263, nach den §§ 306 bis 306c oder § 316a des Strafgesetzbuches oder nach § 29 Abs. 1 Nr. 1,

4, 10 oder Abs. 3, § 29a Abs. 1, § 30 Abs. 1, § 30a Abs. 1 des Betäubungsmittelgesetzes

begangen zu haben, und bestimmte Tatsachen die Gefahr begründen, daß er vor rechtskräftiger Aburteilung weitere erhebliche Straftaten gleicher Art begehen oder die Straftat fortsetzen werde, die Haft zur Abwendung der drohenden Gefahr erforderlich und in den Fällen der Nummer 2 eine Freiheitsstrafe von mehr als einem Jahr zu erwarten ist. In die Beurteilung des dringenden Verdachts einer Tatbegehung im Sinne des Satzes 1 Nummer 2 sind auch solche Taten einzubeziehen, die Gegenstand anderer, auch rechtskräftig abgeschlossener, Verfahren sind oder waren.
(2) Absatz 1 findet keine Anwendung, wenn die Voraussetzungen für den Erlaß eines Haftbefehls nach § 112 vorliegen und die Voraussetzungen für die Aussetzung des Vollzugs des Haftbefehls nach § 116 Abs. 1, 2 nicht gegeben sind.

§ 153

(1) Hat das Verfahren ein Vergehen zum Gegenstand, so kann die Staatsanwaltschaft mit Zustimmung des für die Eröffnung des Hauptverfahrens zuständigen Gerichts von der Verfolgung absehen, wenn die Schuld des Täters als gering anzusehen wäre und kein öffentliches Interesse an der Verfolgung besteht. Der Zustimmung des Gerichtes bedarf es nicht bei einem Vergehen, das nicht mit einer im Mindestmaß erhöhten Strafe bedroht ist und bei dem die durch die Tat verursachten Folgen gering sind.
(2) Ist die Klage bereits erhoben, so kann das Gericht in jeder Lage des Verfahrens unter den Voraussetzungen des Absatzes 1 mit Zustimmung der Staatsanwaltschaft und des Angeschuldigten das Verfahren einstellen. Der Zustimmung des Angeschuldigten bedarf es nicht, wenn die Hauptverhandlung aus den in § 205 angeführten Gründen nicht durchgeführt werden kann oder in den Fällen des § 231 Abs. 2 und der §§ 232 und 233 in seiner Abwesenheit durchgeführt wird. Die Entscheidung ergeht durch Beschluß. Der Beschluß ist nicht anfechtbar.

§ 153a

(1) Mit Zustimmung des für die Eröffnung des Hauptverfahrens zuständigen Gerichts und des Beschuldigten kann die Staatsanwaltschaft bei einem Vergehen vorläufig von der Erhebung der öffentlichen Klage absehen und zugleich dem Beschuldigten Auflagen und Weisungen erteilen, wenn diese geeignet sind, das öffentliche Interesse an der Strafverfolgung zu beseitigen, und die Schwere der Schuld nicht entgegensteht. Als Auflagen oder Weisungen kommen insbesondere in Betracht,

1. zur Wiedergutmachung des durch die Tat verursachten Schadens eine bestimmte Leistung zu erbringen,
2. einen Geldbetrag zugunsten einer gemeinnützigen Einrichtung oder der Staatskasse zu zahlen,
3. sonst gemeinnützige Leistungen zu erbringen,

4. Unterhaltspflichten in einer bestimmten Höhe nachzukommen,
5. sich ernsthaft zu bemühen, einen Ausgleich mit dem Verletzten zu erreichen (Täter-Opfer-Ausgleich) und dabei seine Tat ganz oder zum überwiegenden Teil wieder gut zu machen oder deren Wiedergutmachung zu erstreben, oder
6. an einem Aufbauseminar nach § 2b Abs. 2 Satz 2 oder § 4 Abs. 8 Satz 4 des Straßenverkehrsgesetzes teilzunehmen.

Zur Erfüllung der Auflagen und Weisungen setzt die Staatsanwaltschaft dem Beschuldigten eine Frist, die in den Fällen des Satzes 2 Nr. 1 bis 3, 5 und 6 höchstens sechs Monate, in den Fällen des Satzes 2 Nr. 4 höchstens ein Jahr beträgt. Die Staatsanwaltschaft kann Auflagen und Weisungen nachträglich aufheben und die Frist einmal für die Dauer von drei Monaten verlängern; mit Zustimmung des Beschuldigten kann sie auch Auflagen und Weisungen nachträglich auferlegen und ändern. Erfüllt der Beschuldigte die Auflagen und Weisungen, so kann die Tat nicht mehr als Vergehen verfolgt werden. Erfüllt der Beschuldigte die Auflagen und Weisungen nicht, so werden Leistungen, die er zu ihrer Erfüllung erbracht hat, nicht erstattet. § 153 Abs. 1 Satz 2 gilt in den Fällen des Satzes 2 Nr. 1 bis 5 entsprechend.
(2) Ist die Klage bereits erhoben, so kann das Gericht mit Zustimmung der Staatsanwaltschaft und des Angeschuldigten das Verfahren bis zum Ende der Hauptverhandlung, in der die tatsächlichen Feststellungen letztmals geprüft werden können, vorläufig einstellen und zugleich dem Angeschuldigten die in Absatz 1 Satz 1 und 2 bezeichneten Auflagen und Weisungen erteilen. Absatz 1 Satz 3 bis 6 gilt entsprechend. Die Entscheidung nach Satz 1 ergeht durch Beschluß. Der Beschluß ist nicht anfechtbar. Satz 4 gilt auch für eine Feststellung, daß gemäß Satz 1 erteilte Auflagen und Weisungen erfüllt worden sind.
(3) Während des Laufes der für die Erfüllung der Auflagen und Weisungen gesetzten Frist ruht die Verjährung

§ 170

(1) Bieten die Ermittlungen genügenden Anlaß zur Erhebung der öffentlichen Klage, so erhebt die Staatsanwaltschaft sie durch Einreichung einer Anklageschrift bei dem zuständigen Gericht.
(2) Andernfalls stellt die Staatsanwaltschaft das Verfahren ein. Hiervon setzt sie den Beschuldigten in Kenntnis, wenn er als solcher vernommen worden ist oder ein Haftbefehl gegen ihn erlassen war; dasselbe gilt, wenn er um einen Bescheid gebeten hat oder wenn ein besonderes Interesse an der Bekanntgabe ersichtlich ist.

Verwaltungsgerichtsordnung (VwGO)

§ 123

(1) Auf Antrag kann das Gericht, auch schon vor Klageerhebung, eine einstweilige Anordnung in bezug auf den Streitgegenstand treffen, wenn die Gefahr besteht, daß durch eine Veränderung des bestehenden Zustands die

Verwirklichung eines Rechts des Antragstellers vereitelt oder wesentlich erschwert werden könnte. Einstweilige Anordnungen sind auch zur Regelung eines vorläufigen Zustands in bezug auf ein streitiges Rechtsverhältnis zulässig, wenn diese Regelung, vor allem bei dauernden Rechtsverhältnissen, um wesentliche Nachteile abzuwenden oder drohende Gewalt zu verhindern oder aus anderen Gründen nötig erscheint.
(2) Für den Erlaß einstweiliger Anordnungen ist das Gericht der Hauptsache zuständig. Dies ist das Gericht des ersten Rechtszugs und, wenn die Hauptsache im Berufungsverfahren anhängig ist, das Berufungsgericht. § 80 Abs. 8 ist entsprechend anzuwenden.
(3) Für den Erlaß einstweiliger Anordnungen gelten §§ 920, 921, 923, 926, 928 bis 932, 938, 939, 941 und 945 der Zivilprozeßordnung entsprechend.
(4) Das Gericht entscheidet durch Beschluß.
(5) Die Vorschriften der Absätze 1 bis 3 gelten nicht für die Fälle der §§ 80 und 80a.

Verwaltungsverfahrensgesetz (VwVfG)

§ 35 Begriff des Verwaltungsaktes

Verwaltungsakt ist jede Verfügung, Entscheidung oder andere hoheitliche Maßnahme, die eine Behörde zur Regelung eines Einzelfalls auf dem Gebiet des öffentlichen Rechts trifft und die auf unmittelbare Rechtswirkung nach außen gerichtet ist. Allgemeinverfügung ist ein Verwaltungsakt, der sich an einen nach allgemeinen Merkmalen bestimmten oder bestimmbaren Personenkreis richtet oder die öffentlich-rechtliche Eigenschaft einer Sache oder ihre Benutzung durch die Allgemeinheit betrifft.

§ 40 Ermessen

Ist die Behörde ermächtigt, nach ihrem Ermessen zu handeln, hat sie ihr Ermessen entsprechend dem Zweck der Ermächtigung auszuüben und die gesetzlichen Grenzen des Ermessens einzuhalten.

§ 43 Wirksamkeit des Verwaltungsaktes

(1) Ein Verwaltungsakt wird gegenüber demjenigen, für den er bestimmt ist oder der von ihm betroffen wird, in dem Zeitpunkt wirksam, in dem er ihm bekannt gegeben wird. Der Verwaltungsakt wird mit dem Inhalt wirksam, mit dem er bekannt gegeben wird.
(2) Ein Verwaltungsakt bleibt wirksam, solange und soweit er nicht zurückgenommen, widerrufen, anderweitig aufgehoben oder durch Zeitablauf oder auf andere Weise erledigt ist.
(3) Ein nichtiger Verwaltungsakt ist unwirksam.

§ 44 Nichtigkeit des Verwaltungsaktes

(1) Ein Verwaltungsakt ist nichtig, soweit er an einem besonders schwerwiegenden Fehler leidet und dies bei verständiger Würdigung aller in Betracht kommenden Umstände offensichtlich ist.
(2) Ohne Rücksicht auf das Vorliegen der Voraussetzungen des Absatzes 1 ist ein Verwaltungsakt nichtig,

1. der schriftlich oder elektronisch erlassen worden ist, die erlassende Behörde aber nicht erkennen lässt;
2. der nach einer Rechtsvorschrift nur durch die Aushändigung einer Urkunde erlassen werden kann, aber dieser Form nicht genügt;
3. den eine Behörde außerhalb ihrer durch § 3 Abs. 1 Nr. 1 begründeten Zuständigkeit erlassen hat, ohne dazu ermächtigt zu sein;
4. den aus tatsächlichen Gründen niemand ausführen kann;
5. der die Begehung einer rechtswidrigen Tat verlangt, die einen Straf- oder Bußgeldtatbestand verwirklicht;
6. der gegen die guten Sitten verstößt.

(3) Ein Verwaltungsakt ist nicht schon deshalb nichtig, weil

1. Vorschriften über die örtliche Zuständigkeit nicht eingehalten worden sind, außer wenn ein Fall des Absatzes 2 Nr. 3 vorliegt;
2. eine nach § 20 Abs. 1 Satz 1 Nr. 2 bis 6 ausgeschlossene Person mitgewirkt hat;
3. ein durch Rechtsvorschrift zur Mitwirkung berufener Ausschuss den für den Erlass des Verwaltungsaktes vorgeschriebenen Beschluss nicht gefasst hat oder nicht beschlussfähig war;
4. die nach einer Rechtsvorschrift erforderliche Mitwirkung einer anderen Behörde unterblieben ist.

(4) Betrifft die Nichtigkeit nur einen Teil des Verwaltungsaktes, so ist er im Ganzen nichtig, wenn der nichtige Teil so wesentlich ist, dass die Behörde den Verwaltungsakt ohne den nichtigen Teil nicht erlassen hätte.
(5) Die Behörde kann die Nichtigkeit jederzeit von Amts wegen feststellen; auf Antrag ist sie festzustellen, wenn der Antragsteller hieran ein berechtigtes Interesse hat.

§ 54 Zulässigkeit des öffentlich-rechtlichen Vertrags

Ein Rechtsverhältnis auf dem Gebiet des öffentlichen Rechts kann durch Vertrag begründet, geändert oder aufgehoben werden (öffentlich-rechtlicher Vertrag), soweit Rechtsvorschriften nicht entgegenstehen. Insbesondere kann die Behörde, anstatt einen Verwaltungsakt zu erlassen, einen öffentlich-rechtlichen Vertrag mit demjenigen schließen, an den sie sonst den Verwaltungsakt richten würde.

Gesetz zur Ordnung des Wasserhaushalts (Wasserhaushaltsgesetz - WHG)

§ 2 Anwendungsbereich

(1) Dieses Gesetz gilt für folgende Gewässer:
1. oberirdische Gewässer,
2. Küstengewässer,
3. Grundwasser.

Es gilt auch für Teile dieser Gewässer.
(1a) Für Meeresgewässer gelten die Vorschriften des § 23 und des Kapitels 2 Abschnitt 3a. Die für die Bewirtschaftung der Küstengewässer geltenden Vorschriften bleiben unberührt.
(2) Die Länder können kleine Gewässer von wasserwirtschaftlich untergeordneter Bedeutung, insbesondere Straßenseitengräben als Bestandteil von Straßen, Be- und Entwässerungsgräben, sowie Heilquellen von den Bestimmungen dieses Gesetzes ausnehmen. Dies gilt nicht für die Haftung für Gewässerveränderungen nach den §§ 89 und 90.

§ 3 Begriffsbestimmungen

Für dieses Gesetz gelten folgende Begriffsbestimmungen:
1. Oberirdische Gewässer
das ständig oder zeitweilig in Betten fließende oder stehende oder aus Quellen wild abfließende Wasser;
2. Küstengewässer
das Meer zwischen der Küstenlinie bei mittlerem Hochwasser oder zwischen der seewärtigen Begrenzung der oberirdischen Gewässer und der seewärtigen Begrenzung des Küstenmeeres; die seewärtige Begrenzung von oberirdischen Gewässern, die nicht Binnenwasserstraßen des Bundes sind, richtet sich nach den landesrechtlichen Vorschriften;
2a. Meeresgewässer
die Küstengewässer sowie die Gewässer im Bereich der deutschen ausschließlichen Wirtschaftszone und des Festlandsockels, jeweils einschließlich des Meeresgrundes und des Meeresuntergrundes;
3. Grundwasser
das unterirdische Wasser in der Sättigungszone, das in unmittelbarer Berührung mit dem Boden oder dem Untergrund steht;
4. Künstliche Gewässer
von Menschen geschaffene oberirdische Gewässer oder Küstengewässer;

5. Erheblich veränderte Gewässer
durch den Menschen in ihrem Wesen physikalisch erheblich veränderte oberirdische Gewässer oder Küstengewässer;

6. Wasserkörper
einheitliche und bedeutende Abschnitte eines oberirdischen Gewässers oder Küstengewässers (Oberflächenwasserkörper) sowie abgegrenzte Grundwasservolumen innerhalb eines oder mehrerer Grundwasserleiter (Grundwasserkörper);

7. Gewässereigenschaften
die auf die Wasserbeschaffenheit, die Wassermenge, die Gewässerökologie und die Hydromorphologie bezogenen Eigenschaften von Gewässern und Gewässerteilen;

8. Gewässerzustand
die auf Wasserkörper bezogenen Gewässereigenschaften als ökologischer, chemischer oder mengenmäßiger Zustand eines Gewässers; bei als künstlich oder erheblich verändert eingestuften Gewässern tritt an die Stelle des ökologischen Zustands das ökologische Potenzial;

9. Wasserbeschaffenheit
die physikalische, chemische oder biologische Beschaffenheit des Wassers eines oberirdischen Gewässers oder Küstengewässers sowie des Grundwassers;

10. Schädliche Gewässerveränderungen
Veränderungen von Gewässereigenschaften, die das Wohl der Allgemeinheit, insbesondere die öffentliche Wasserversorgung, beeinträchtigen oder die nicht den Anforderungen entsprechen, die sich aus diesem Gesetz, aus auf Grund dieses Gesetzes erlassenen oder aus sonstigen wasserrechtlichen Vorschriften ergeben;

11. Stand der Technik
der Entwicklungsstand fortschrittlicher Verfahren, Einrichtungen oder Betriebsweisen, der die praktische Eignung einer Maßnahme zur Begrenzung von Emissionen in Luft, Wasser und Boden, zur Gewährleistung der Anlagensicherheit, zur Gewährleistung einer umweltverträglichen Abfallentsorgung oder sonst zur Vermeidung oder Verminderung von Auswirkungen auf die Umwelt zur Erreichung eines allgemein hohen Schutzniveaus für die Umwelt insgesamt gesichert erscheinen lässt; bei der Bestimmung des Standes der Technik sind insbesondere die in der Anlage 1 aufgeführten Kriterien zu berücksichtigen;

12. EMAS-Standort
diejenige Einheit einer Organisation, die nach § 32 Absatz 1 Satz 1 des Umweltauditgesetzes in der Fassung der Bekanntmachung vom 4. September 2002 (BGBl. I S. 3490), das zuletzt durch Artikel 11 des Gesetzes vom 17. März 2008 (BGBl. I S. 399) geändert worden ist, in das EMAS-Register eingetragen ist;

13. Einzugsgebiet
ein Gebiet, aus dem über oberirdische Gewässer der gesamte

Oberflächenabfluss an einer einzigen Flussmündung, einem Ästuar oder einem Delta ins Meer gelangt;

14. Teileinzugsgebiet
ein Gebiet, aus dem über oberirdische Gewässer der gesamte Oberflächenabfluss an einem bestimmten Punkt in ein oberirdisches Gewässer gelangt;

15. Flussgebietseinheit
ein als Haupteinheit für die Bewirtschaftung von Einzugsgebieten festgelegtes Land- oder Meeresgebiet, das aus einem oder mehreren benachbarten Einzugsgebieten, dem ihnen zugeordneten Grundwasser und den ihnen zugeordneten Küstengewässern im Sinne des § 7 Absatz 5 Satz 2 besteht.

§ 8 Erlaubnis, Bewilligung

(1) Die Benutzung eines Gewässers bedarf der Erlaubnis oder der Bewilligung, soweit nicht durch dieses Gesetz oder auf Grund dieses Gesetzes erlassener Vorschriften etwas anderes bestimmt ist.

(2) Keiner Erlaubnis oder Bewilligung bedürfen Gewässerbenutzungen, die der Abwehr einer gegenwärtigen Gefahr für die öffentliche Sicherheit dienen, sofern der drohende Schaden schwerer wiegt als die mit der Benutzung verbundenen nachteiligen Veränderungen von Gewässereigenschaften. Die zuständige Behörde ist unverzüglich über die Benutzung zu unterrichten.

(3) Keiner Erlaubnis oder Bewilligung bedürfen ferner bei Übungen und Erprobungen für Zwecke der Verteidigung oder der Abwehr von Gefahren für die öffentliche Sicherheit

1.

das vorübergehende Entnehmen von Wasser aus einem Gewässer,

2.

das Wiedereinleiten des Wassers in ein Gewässer mittels beweglicher Anlagen und

3.

das vorübergehende Einbringen von Stoffen in ein Gewässer,

wenn durch diese Benutzungen andere nicht oder nur geringfügig beeinträchtigt werden und keine nachteilige Veränderung der Gewässereigenschaften zu erwarten ist. Die Gewässerbenutzung ist der zuständigen Behörde rechtzeitig vor Beginn der Übung oder der Erprobung anzuzeigen.

(4) Ist bei der Erteilung der Erlaubnis oder der Bewilligung nichts anderes bestimmt worden, geht die Erlaubnis oder die Bewilligung mit der Wasserbenutzungsanlage oder, wenn sie für ein Grundstück erteilt worden ist, mit diesem auf den Rechtsnachfolger über.

§ 9 Benutzungen

(1) Benutzungen im Sinne dieses Gesetzes sind
1. das Entnehmen und Ableiten von Wasser aus oberirdischen Gewässern,
2. das Aufstauen und Absenken von oberirdischen Gewässern,
3. das Entnehmen fester Stoffe aus oberirdischen Gewässern, soweit sich dies auf die Gewässereigenschaften auswirkt,
4. das Einbringen und Einleiten von Stoffen in Gewässer,
5. das Entnehmen, Zutagefördern, Zutageleiten und Ableiten von Grundwasser.

(2) Als Benutzungen gelten auch
1. das Aufstauen, Absenken und Umleiten von Grundwasser durch Anlagen, die hierfür bestimmt oder geeignet sind,
2. Maßnahmen, die geeignet sind, dauernd oder in einem nicht nur unerheblichen Ausmaß nachteilige Veränderungen der Wasserbeschaffenheit herbeizuführen.

(3) Keine Benutzungen sind Maßnahmen, die dem Ausbau eines Gewässers im Sinne des § 67 Absatz 2 dienen. Das Gleiche gilt für Maßnahmen der Unterhaltung eines Gewässers, soweit hierbei keine chemischen Mittel verwendet werden.

§ 10 Inhalt der Erlaubnis und der Bewilligung

(1) Die Erlaubnis gewährt die Befugnis, die Bewilligung das Recht, ein Gewässer zu einem bestimmten Zweck in einer nach Art und Maß bestimmten Weise zu benutzen.
(2) Erlaubnis und Bewilligung geben keinen Anspruch auf Zufluss von Wasser in einer bestimmten Menge und Beschaffenheit.

§ 12 Voraussetzungen für die Erteilung der Erlaubnis und der Bewilligung, Bewirtschaftungsermessen

(1) Die Erlaubnis und die Bewilligung sind zu versagen, wenn

1. schädliche, auch durch Nebenbestimmungen nicht vermeidbare oder nicht ausgleichbare Gewässerveränderungen zu erwarten sind oder
2. andere Anforderungen nach öffentlich-rechtlichen Vorschriften nicht erfüllt werden.

(2) Im Übrigen steht die Erteilung der Erlaubnis und der Bewilligung im pflichtgemäßen Ermessen (Bewirtschaftungsermessen) der zuständigen Behörde.

§ 51 Festsetzung von Wasserschutzgebieten

(1) Soweit es das Wohl der Allgemeinheit erfordert,

1. Gewässer im Interesse der derzeit bestehenden oder künftigen öffentlichen Wasserversorgung vor nachteiligen Einwirkungen zu schützen,
2. das Grundwasser anzureichern oder
3. das schädliche Abfließen von Niederschlagswasser sowie das Abschwemmen und den Eintrag von Bodenbestandteilen, Dünge- oder Pflanzenschutzmitteln in Gewässer zu vermeiden,

kann die Landesregierung durch Rechtsverordnung Wasserschutzgebiete festsetzen. In der Rechtsverordnung ist die begünstigte Person zu benennen. Die Landesregierung kann die Ermächtigung nach Satz 1 durch Rechtsverordnung auf andere Landesbehörden übertragen.

(2) Trinkwasserschutzgebiete sollen nach Maßgabe der allgemein anerkannten Regeln der Technik in Zonen mit unterschiedlichen Schutzbestimmungen unterteilt werden.

§ 58 Einleiten von Abwasser in öffentliche Abwasseranlagen

(1) Das Einleiten von Abwasser in öffentliche Abwasseranlagen (Indirekteinleitung) bedarf der Genehmigung durch die zuständige Behörde, soweit an das Abwasser in der Abwasserverordnung in ihrer jeweils geltenden Fassung Anforderungen für den Ort des Anfalls des Abwassers oder vor seiner Vermischung festgelegt sind. Durch Rechtsverordnung nach § 23 Absatz 1 Nummer 5, 8 und 10 kann bestimmt werden,

1. unter welchen Voraussetzungen die Indirekteinleitung anstelle einer Genehmigung nach Satz 1 nur einer Anzeige bedarf,
2. dass die Einhaltung der Anforderungen nach Absatz 2 auch durch Sachverständige überwacht wird.

Weitergehende Rechtsvorschriften der Länder, die den Maßgaben des Satzes 2 entsprechen oder die über Satz 1 oder Satz 2 hinausgehende Genehmigungserfordernisse vorsehen, bleiben unberührt. Ebenfalls unberührt bleiben Rechtsvorschriften der Länder, nach denen die Genehmigung der zuständigen Behörde durch eine Genehmigung des Betreibers einer öffentlichen Abwasseranlage ersetzt wird.

(2) Eine Genehmigung für eine Indirekteinleitung darf nur erteilt werden, wenn
1. die nach der Abwasserverordnung in ihrer jeweils geltenden Fassung für die Einleitung maßgebenden Anforderungen einschließlich der allgemeinen Anforderungen eingehalten werden,
2. die Erfüllung der Anforderungen an die Direkteinleitung nicht gefährdet wird und
3. Abwasseranlagen oder sonstige Einrichtungen errichtet und betrieben werden, die erforderlich sind, um die Einhaltung der Anforderungen nach den Nummern 1 und 2 sicherzustellen.

(3) Entsprechen vorhandene Indirekteinleitungen nicht den Anforderungen nach Absatz 2, so sind die erforderlichen Maßnahmen innerhalb angemessener Fristen durchzuführen.
(4) § 13 Absatz 1 und § 17 gelten entsprechend. Eine Genehmigung kann auch unter dem Vorbehalt des Widerrufs erteilt werden.

§ 64 Bestellung von Gewässerschutzbeauftragten

(1) Gewässerbenutzer, die an einem Tag mehr als 750 Kubikmeter Abwasser einleiten dürfen, haben unverzüglich einen oder mehrere Betriebsbeauftragte für Gewässerschutz (Gewässerschutzbeauftragte) zu bestellen.
(2) Die zuständige Behörde kann anordnen, dass
1. die Einleiter von Abwasser in Gewässer, für die eine Pflicht zur Bestellung von Gewässerschutzbeauftragten nach Absatz 1 nicht besteht,
2. die Einleiter von Abwasser in Abwasseranlagen,
3. die Betreiber von Anlagen nach § 62 Absatz 1,
4. die Betreiber von Rohrleitungsanlagen nach Nummer 19.3 der Anlage 1 des Gesetzes über die Umweltverträglichkeitsprüfung

einen oder mehrere Gewässerschutzbeauftragte zu bestellen haben.
(3) Ist nach § 53 des Bundes-Immissionsschutzgesetzes ein Immissionsschutzbeauftragter oder nach § 59 des Kreislaufwirtschaftsgesetzes ein Abfallbeauftragter zu bestellen, so kann dieser auch die Aufgaben und Pflichten eines Gewässerschutzbeauftragten nach diesem Gesetz wahrnehmen.

§ 65 Aufgaben von Gewässerschutzbeauftragten

(1) Gewässerschutzbeauftragte beraten den Gewässerbenutzer und die Betriebsangehörigen in Angelegenheiten, die für den Gewässerschutz bedeutsam sein können. Sie sind berechtigt und verpflichtet,
1. die Einhaltung von Vorschriften, Nebenbestimmungen und Anordnungen im Interesse des Gewässerschutzes zu überwachen, insbesondere durch regelmäßige Kontrolle der Abwasseranlagen im Hinblick auf die Funktionsfähigkeit, den ordnungsgemäßen Betrieb sowie die Wartung,

2. durch Messungen des Abwassers nach Menge und Eigenschaften, durch Aufzeichnungen der Kontroll- und Messergebnisse; sie haben dem Gewässerbenutzer festgestellte Mängel mitzuteilen und Maßnahmen zu ihrer Beseitigung vorzuschlagen;

3. auf die Anwendung geeigneter Abwasserbehandlungsverfahren einschließlich der Verfahren zur ordnungsgemäßen Verwertung oder Beseitigung der bei der Abwasserbehandlung entstehenden Reststoffe hinzuwirken;

4. auf die Entwicklung und Einführung von
    a) innerbetrieblichen Verfahren zur Vermeidung oder Verminderung des Abwasseranfalls nach Art und Menge,
    b) umweltfreundlichen Produktionen
   hinzuwirken;

die Betriebsangehörigen über die in dem Betrieb verursachten Gewässerbelastungen sowie über die Einrichtungen und Maßnahmen zu ihrer Verhinderung unter Berücksichtigung der wasserrechtlichen Vorschriften aufzuklären.

(2) Gewässerschutzbeauftragte erstatten dem Gewässerbenutzer jährlich einen schriftlichen Bericht über die nach Absatz 1 Satz 2 Nummer 1 bis 4 getroffenen und beabsichtigten Maßnahmen. Bei EMAS-Standorten ist ein jährlicher Bericht nicht erforderlich, soweit sich gleichwertige Angaben aus dem Bericht über die Umweltbetriebsprüfung ergeben und die Gewässerschutzbeauftragten den Bericht mitgezeichnet haben und mit dem Verzicht auf die Erstellung eines gesonderten jährlichen Berichts einverstanden sind.

(3) Die zuständige Behörde kann im Einzelfall die in den Absätzen 1 und 2 aufgeführten Aufgaben der Gewässerschutzbeauftragten

1. näher regeln,
2. erweitern, soweit es die Belange des Gewässerschutzes erfordern,
3. einschränken, wenn dadurch die ordnungsgemäße Selbstüberwachung nicht beeinträchtigt wird.

§ 103 Bußgeldvorschriften

(1) Ordnungswidrig handelt, wer vorsätzlich oder fahrlässig

1. ohne Erlaubnis und ohne Bewilligung nach § 8 Absatz 1 ein Gewässer benutzt,
2. einer vollziehbaren Auflage nach § 13 Absatz 1, auch in Verbindung mit § 58 Absatz 4 Satz 1, auch in Verbindung mit § 59 Absatz 1 oder § 63 Absatz 1 Satz 3, zuwiderhandelt,
3. einer Rechtsverordnung nach

- a)
    - § 23 Absatz 1 Nummer 1, 3 bis 8 oder Nummer 9 oder
- b)
    - § 23 Absatz 1 Nummer 10 oder Nummer 11

oder einer vollziehbaren Anordnung auf Grund einer solchen Rechtsverordnung zuwiderhandelt, soweit die Rechtsverordnung für einen bestimmten Tatbestand auf diese Bußgeldvorschrift verweist,

4. entgegen § 32 Absatz 1 Satz 1 oder Absatz 2, § 45 Absatz 1 Satz 1 oder Absatz 2 oder § 48 Absatz 2 Satz 1 oder Satz 2 Stoffe lagert, ablagert oder befördert oder in ein oberirdisches Gewässer oder in ein Küstengewässer einbringt,

5. entgegen § 37 Absatz 1 den natürlichen Ablauf wild abfließenden Wassers behindert, verstärkt oder sonst verändert,

6. einer Vorschrift des § 38 Absatz 4 Satz 2 über eine dort genannte verbotene Handlung im Gewässerrandstreifen zuwiderhandelt,

7. entgegen § 50 Absatz 4, § 60 Absatz 1 Satz 2 oder § 62 Absatz 2 eine dort genannte Anlage errichtet, betreibt, unterhält oder stilllegt,

7a. einer Rechtsverordnung nach § 51 Absatz 1 Satz 1 in Verbindung mit
- a)
    - § 52 Absatz 1 Satz 1 Nummer 1, 2 Buchstabe a oder Buchstabe c oder Nummer 3 oder
- b)
    - § 52 Absatz 1 Satz 1 Nummer 2 Buchstabe b

zuwiderhandelt,

8. einer vollziehbaren Anordnung nach
- a)
    - § 52 Absatz 1 Satz 1 Nummer 1, 2 Buchstabe a oder Buchstabe c oder Nummer 3,
- b)
    - § 52 Absatz 1 Satz 1 Nummer 2 Buchstabe b,

jeweils auch in Verbindung mit § 52 Absatz 2 Satz 1 oder Absatz 3 oder § 53 Absatz 5, zuwiderhandelt,

8a. einer Rechtsverordnung nach § 53 Absatz 4 Satz 1 in Verbindung mit § 53 Absatz 5 in Verbindung mit
- a)
    - § 52 Absatz 1 Satz 1 Nummer 1, 2 Buchstabe a oder Buchstabe c oder Nummer 3 oder
- b)
    - § 52 Absatz 1 Satz 1 Nummer 2 Buchstabe b

zuwiderhandelt,

9. ohne Genehmigung nach § 58 Absatz 1 Satz 1, auch in Verbindung mit § 59 Absatz 1, Abwasser in eine Abwasseranlage einleitet,

10. ohne Genehmigung nach § 60 Absatz 3 Satz 1 eine Abwasserbehandlungsanlage errichtet, betreibt oder wesentlich ändert,

11. entgegen § 61 Absatz 2 Satz 2 in Verbindung mit einer Rechtsverordnung nach Absatz 3 eine Aufzeichnung nicht, nicht richtig oder nicht vollständig anfertigt, nicht oder nicht mindestens fünf Jahre aufbewahrt oder nicht oder nicht rechtzeitig vorlegt,

12. entgegen § 63 Absatz 1 Satz 1 eine dort genannte Anlage errichtet oder betreibt,

13. entgegen § 64 Absatz 1 nicht mindestens einen Gewässerschutzbeauftragten bestellt,

14. einer vollziehbaren Anordnung nach § 64 Absatz 2 zuwiderhandelt,

15. ohne festgestellten und ohne genehmigten Plan nach § 68 Absatz 1 oder Absatz 2 ein Gewässer ausbaut,

16. einer Vorschrift des § 78 Absatz 1 Satz 1 Nummer 2 bis 8 oder Nummer 9, jeweils auch in Verbindung mit § 78 Absatz 6, über eine untersagte Handlung in einem dort genannten Gebiet zuwiderhandelt,

17. einer vollziehbaren Anordnung nach § 101 Absatz 1 Satz 1 Nummer 3 zuwiderhandelt oder

18. entgegen § 101 Absatz 2 das Betreten eines Grundstücks nicht gestattet oder eine Auskunft nicht, nicht richtig, nicht vollständig oder nicht rechtzeitig erteilt.

(2) Die Ordnungswidrigkeit kann in den Fällen des Absatzes 1 Nummer 1 bis 3 Buchstabe a, Nummer 4 bis 7, 7a Buchstabe a, Nummer 8 Buchstabe a, Nummer 8a Buchstabe a, Nummer 9, 10 und 12 bis 16 mit einer Geldbuße bis zu fünfzigtausend Euro und in den übrigen Fällen mit einer Geldbuße bis zu zehntausend Euro geahndet werden.

Anhang E: Synopse KrW-/AbfG und KrWG

Wie bereits im *Vorwort* erwähnt, ist zum 01.06.2012 das Kreislaufwirtschaftsgesetz (KrWG) in Kraft getreten. Es löst das bis dahin gültige Kreislaufwirtschafts- und Abfallgesetz (KrW-/AbfG) ab.

Der Großteil der juristischen Literatur ist noch nicht auf die neuen Vorschriften umgestellt; im Text der Arbeit finden sich deshalb weiterhin die Vorschriften des KrW-/AbfG wieder. Auszüge aus dem KrWG sind in *Anhang D* abgedruckt.

Nachstehende kleine Synopse soll die Zuordnung erleichtern:

Alt: KrW-/AbfG	Thema	**Neu: KrWG**
§ 3	Begriffsbestimmungen	§ 3
§ 54	Betriebsbeauftragter für Abfall	§ 59
§ 61	Bußgeldvorschriften	§ 69

Anhang F: Entwurf für ein optimiertes Umweltstrafrecht (UGB-P)

Im *Kapitel 5.3.1.2* wurden verschiedentliche Änderungen im Kernstrafrecht zu den Umweltdelikten angeregt. Diese würden in einem (fiktiven) „Umweltgesetzbuch in Planung" **(UGB-P)** wie folgt aussehen:

§ 401 Gewässerverunreinigung

    (1) Wer ein Gewässer verunreinigt oder dessen Eigenschaften nachteilig verändert, wird mit Freiheitsstrafe bis zu fünf Jahren oder mit Geldstrafe bestraft.
    (2) Der Versuch ist strafbar.
    (3) Wird durch die Tat die öffentliche Wasserversorgung gefährdet, so ist die Freiheitsstrafe von sechs Monaten bis zu fünf Jahren.
    (4) Handelt der Täter fahrlässig, so ist die Strafe Freiheitsstrafe bis zu drei Jahren oder Geldstrafe.
    (5) Gewässer im Sinne dieser Vorschrift sind oberirdische Gewässer, das Grundwasser und das Meer.

§ 402 Luftverunreinigung

    (1) Wer die Luft verunreinigt oder deren natürliche Zusammensetzung nachteilig verändert, wird mit Freiheitsstrafe bis zu fünf Jahren oder mit Geldstrafe bestraft.
    (2) Der Versuch ist strafbar.
    (3) Handelt der Täter fahrlässig, so ist die Strafe Freiheitsstrafe bis zu drei Jahren oder Geldstrafe.

§ 403 Bodenverunreinigung

    (1) Wer den Boden verunreinigt oder nachteilig verändert, wird mit Freiheitsstrafe bis zu fünf Jahren oder mit Geldstrafe bestraft.
    (2) Der Versuch ist strafbar.
    (3) Handelt der Täter fahrlässig, so ist die Strafe Freiheitsstrafe bis zu drei Jahren oder Geldstrafe.

§ 404 Lärmverursachung

    (1) Wer Lärm verursacht, der geeignet ist, Menschen oder Tiere zu schädigen, wird mit Freiheitsstrafe bis zu fünf Jahren oder mit Geldstrafe bestraft.
    (2) Der Versuch ist strafbar.
    (3) Handelt der Täter fahrlässig, so ist die Strafe Freiheitsstrafe bis zu drei Jahren oder Geldstrafe.

§ 405 Schwere Umweltbeeinträchtigungen

(1) In besonders schweren Fällen wird die vorsätzliche Tat nach den §§ 401 bis 404 mit Freiheitsstrafe von sechs Monaten bis zu fünf Jahren bestraft. Ein besonders schwerer Fall liegt in der Regel vor, wenn
1. die Tat in einem besonderen Schutzgebiet verübt wird,
2. die entstandene Umweltbeeinträchtigungen gar nicht oder nur mit unverhältnismäßig hohem zeitlichen oder finanziellen Aufwand beseitigt werden kann, oder
3. ein Bestand von Tieren oder Pflanzen der vom Aussterben bedrohten Art dauerhaft geschädigt wird.

(2) Wer durch eine vorsätzliche Tat nach den §§ 401 bis 404 einen anderen Menschen in die Gefahr des Todes oder einer schweren Gesundheitsschädigung oder eine große Zahl von Menschen in die Gefahr einer Gesundheitsschädigung bringt, wird mit Freiheitsstrafe von einem bis zu zehn Jahren bestraft.

(3) Wer durch eine vorsätzliche Tat nach den §§ 401 bis 404 den Tod eines anderen Menschen verursacht, wird mit Freiheitsstrafe nicht unter drei Jahren bestraft.

§ 406 Geringfügige Schädigungen

(1) In den Fällen der §§ 401 bis 404 werden die Taten nur auf Antrag verfolgt, wenn der verursachte Schaden 10.000 Euro nicht übersteigt. Dies gilt nicht, wenn die Strafverfolgungsbehörde wegen des besonderen öffentlichen Interesses an der Strafverfolgung ein Einschreiten von Amts wegen für geboten hält.

(2) Absatz 1 gilt nicht für Schäden an Menschen oder Tieren.

§ 407 Besonders verpflichtete Personen

(1) Eine besonders verpflichtete Person, die
1. ihre Pflichten nicht ordnungsgemäß erfüllt oder
2. bei erfolgten Verstößen die gebotenen Maßnahmen nicht ergreift
und dadurch dazu beiträgt, eine Tat nach den §§ 401 bis 404 zu ermöglichen, zu fördern oder die Beendigung einer solchen Tat hinauszuzögern, wird wie ein Täter bestraft.

(2) Die besondere Verpflichtung im Sinne von Absatz 1 besteht nur, wenn sie durch Gesetz oder behördlichen Auftrag entstanden ist und als Aufsichts- oder Überwachungspflicht ausgestaltet ist.

§ 408 Tätige Reue, Kompensation

(1) Das Gericht soll in den Fällen der §§ 401 Absatz 1 und 403 Absatz 1 die Strafe nach seinem Ermessen mildern (§ 49 Absatz 2) oder ganz von Strafe absehen, wenn der Täter freiwillig die Gefahr abwendet oder den von ihm verursachten Zustand beseitigt, bevor ein erheblicher Schaden entsteht. § 406 Absatz 1 Satz 1 gilt entsprechend.

(2) In den Fällen der §§ 402 Absatz 1 und 404 Absatz 1 tritt an die Stelle der Handlung nach Absatz 1 Satz 1 eine freiwillige, adäquate Kompensationsleistung durch den Täter.

Anhang G: Das Gefangenendilemma (Prisoner´s Dilemma)

Die nachfolgenden Ausführungen beziehen sich auf *Kapitel 5.3.1.2 Nr. 6):*

Innerhalb der Spieltheorie (die v.a. durch den Nobelpreisträger John NASH bekannt geworden ist), gehört das „Prisoner's Dilemma" (Gefangenen-Dilemma) mit zu den bekanntesten Spielen überhaupt. Dahinter verbirgt sich folgender Sachverhalt: „Zwei Gangster begehen gemeinsam einen Raub und werden anschließend gefasst, ohne dass ihnen jedoch der Raub nachgewiesen werden könnte. Der Gefängnisdirektor, vermutlich einer der ersten Spieltheoretiker, steckt die beiden in getrennte Zellen und unterbreitet jedem einzeln folgendes Angebot: Die Gefassten können den Raub gestehen oder leugnen; leugnen beide, dann kann ihnen der Raub zwar nicht nachgewiesen werden, aber sie werden doch eine gewisse Strafe wegen unerlaubten Waffenbesitzes erhalten, nämlich ein Jahr Gefängnis. Gesteht jedoch der eine, während der andere leugnet, so wird der Gestehende als Kronzeuge freigelassen, wogegen der Leugnende fünf Jahre erhält. Gestehen allerdings beide, so erhalten beide jeweils vier Jahre." (Rieck 2012: 47) Beide Beteiligten haben also die Wahl zwischen Kooperation (beide leugnen und erhalten eine Gefängnisstrafe von 1 Jahr) und Nichtkooperation, auch als „Defektion" bezeichnet (vgl. Ernst 1997: 19). Je nach Konstellation erhält einer der Gangster dann 0, 4 oder 5 Jahre Gefängnis; für den anderen Gangster gilt das Gleiche. Damit ergibt sich folgende Situation, die hier tabellarisch dargestellt ist. In runden Klammern sind die Strafen für die beiden Gangster in Jahren angegeben: (A/B). In eckigen Klammern [A/B] steht der relative Gewinn, ausgehend von einem Freispruch als Maximalgewinn: (0) Jahre Gefängnisstrafe entsprechen also [5] Gewinneinheiten, und so weiter. In der Spieltheorie wird die Tabelle auch als „Auszahlungsmatrix" bezeichnet.

	Gangster B leugnet	Gangster B gesteht
Gangster A leugnet	(1/1) = [4/4]	(5/0) = [0/5]
Gangster A gesteht	(0/5) = [5/0]	(4/4) = [1/1]

Das Grundproblem der Situation ist, dass es für jeden einzelnen Spieler (Gangster) am besten ist, nicht zu kooperieren, egal was der andere Spieler macht. „Nur gilt dies aber auch genau so für den anderen Spieler. Durch diese Überlegung ist das Spiel auf gegenseitige Nicht-Kooperation … festgefahren.

Beide Spieler erhalten damit weit schlechtere Resultate als bei gegenseitiger Kooperation. Dies ist das Grundproblem des Dilemmas." (Ernst 1997: 19)

Ein Gefangenen-Dilemma ist formal durch 6 Randbedingungen gekennzeichnet (vgl. Ernst 1997: 19 f. m.w.N.):

1) Beide Spieler können entweder kooperieren oder nicht kooperieren (die Nicht-Kooperation wird auch als „Defektion" bezeichnet).
2) Beiderseitige Kooperation führt zu positiven Ergebnissen R (engl.: reward = Belohnung) für beide Spieler; im obigen Beispiel: [4/4].
3) Beiderseitige Defektion führt zu negativen Ergebnissen P (engl.: punishment = Strafe) für beide Spieler; im obigen Beispiel: [1/1].
4) Voneinander abweichende Entscheidungen / Wahlen der Spieler führen
a) für den nicht-kooperierenden Spieler zu einem positiven Ergebnis T (engl.: temptation = Versuchung). Im obigen Beispiel: [5]
b) für den kooperierenden Spieler zu einem negativen Ergebnis S (engl.: sucker's payoff = Auszahlung des Trottels); im obigen Beispiel: [0].
5) Die in den Punkten 2-4 genannten Größen R, P, T und S haben folgende mathematische Beziehung zueinander: $T > R > P > S$. Dies ist hier erfüllt, da T=5 , R=4 , P=1 und S=0.
6) Die Belohnung für nur einseitige Kooperation ist größer als der Durchschnitt aus abwechselnder Ausbeutung und Ausgebeutetwerden: $R > (T+S):2$. Dies ist ebenfalls erfüllt, da $4 > (5+0):2$

Wenn die Auszahlungen (d.h. hier: die Strafen) für beide Spieler gleich sind, so ist die Macht im Spiel gleich verteilt. Man spricht dann von einem symmetrischen Gefangenen-Dilemma. Wird im Ausgangsbeispiel nur einem der beiden Gangster (A) die Kronzeugenregelung (A gesteht, B leugnet) angeboten, so spricht man von einem asymmetrischen Gefangenen-Dilemma; vgl. Ernst 1997: 20.

Eine ähnliche Situation könnte es auch im Umweltstrafrecht geben: G ist Geschäftsführer einer Firma, die Zucker produziert. B ist Beamter bei einer Behörde, die für die Überwachung der Einhaltung der Vorschriften zuständig ist. Die Firma hat eine Genehmigung, pro Tag 100 Liter Produktionsabwässer in die Donau einzuleiten. Durch einen anonymen Hinweis werden beide „Spieler" (G und B) darüber informiert, dass diese Menge regelmäßig deutlich überschritten wird (es sind bis zu 250 Liter täglich). G wusste dies nicht; er wäre aber für die

Kontrolle verantwortlich gewesen. Es ergeben sich nun mehrere Möglichkeiten (der spieltheoretische Maximalgewinn ist auch hier [5]):

1. B und G schweigen beide darüber und hoffen, dass der Hinweis nicht auch an die Presse gegangen ist. Abgesehen von einem schlechten Gewissen haben damit beide einen Gewinn im Sinne der Spieltheorie → B=[5], G=[5]
2. B schweigt, während G sich selbst bei der Polizei anzeigt und damit auf eine möglichst milde Strafe hofft → B=[5], G=[2]
3. B meldet den Fall bei der Polizei, während G schweigt → B hat einen (kleineren) Gewinn, da eine Zusammenarbeit der Firma mit der Behörde unter der Aktion leiden wird → B=[4] ; den G erwartet eine maximale Strafe → G=[0]
4. B meldet den Fall bei der Polizei, was aber auch der G selber bereits gemacht hat → B=[4] ; den G erwartet eine relativ milde Strafe G=[2]

Die Auszahlungsmatrix zu dieser Fallkonstellation sieht dann so aus [B/G]:

	G schweigt	G zeigt sich selbst an
B schweigt	[5/5]	[5/2]
B meldet G bei Polizei	[4/0]	[4/2]

Von den o.g. 6 Randbedingungen sind damit die meisten erfüllt, nicht jedoch die Nr. 4b) bezogen auf den Spieler B [4]. Die Werte für P sind unterschiedlich (4 oder 2), ebenso die Werte für T (4 oder 2) und auch für S (5 oder 0). Da R=5 ist, gilt aber in jedem Fall, dass R > T ist; somit ist auch Nr. 5 nicht erfüllt. Schon aus diesem Grund liegt kein Fall eines Gefangenen-Dilemmas vor. Zumindest aus der Sicht von B liegt auch keine wirkliche Dilemmasituation vor. Wenn B kooperiert (schweigt), dann hat er den maximal möglichen Gewinn; defektiert er hingegen (zeigt den G also bei der Polizei an), so ist er immer noch Gewinner. Entweder sind demnach B und G Gewinner ([5/5]) oder nur der B ist Gewinner ([5/2] bzw. [4/0] bzw. [4/2]). Für den B spielt es also keine große Rolle, ob er schweigt oder ob er den B anzeigt. Im Hinblick auf eine mögliche Strafbarkeit des B bei Nichthandeln (vgl. § 407 Abs.1 Nr.2 UGB-P in *Anhang F*) sollte diese Erkenntnis eine gewisse Bedeutung haben.

Susanne Annelie Goehl
Gentechnik, Recht und Handel
Genmanipulierte landwirtschaftliche Produkte als Gegenstand des öffentlichen Wirtschaftsrechts

Diplomica 2009 / 108 Seiten / 39,50 Euro

ISBN 978-3-8366-7763-9

EAN 9783836677639

Gentechnik ist nach wie vor eines der umstrittensten Themen der deutschen, europäischen und internationalen Politik, was durch die aktuelle politische Diskussion über das Verbot des Genmais des Agrarkonzerns Monsanto besonders deutlich wird.

Dabei stellen die mit neuen technologischen Entwicklungen verbundenen Risiken eine Herausforderung für jede Rechtsordnung dar. Im Bereich Gentechnik gilt dies vor allem für das Umweltrecht und das Öffentliche Wirtschaftsrecht – zwei nationale Regelungsbereiche, die in besonders starkem Maße durch völkerrechtliche und europarechtliche Vorgaben geprägt sind.

Das vorliegende Buch gibt einen Überblick über die speziell für den Handel mit gentechnisch veränderten Produkten maßgeblichen verfahrens-, organisations- und materiell-rechtlichen Regelungen des Öffentlichen Wirtschaftsrechts. Das bestehende, komplexe Regelungswerk zum Schutz vor den Risiken der Gentechnik wird in verständlicher Weise dargestellt.

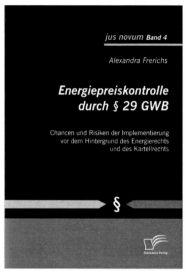

Alexandra Frerichs
Energiepreiskontrolle durch § 29 GWB
Chancen und Risiken der Implementierung
vor dem Hintergrund des Energierechts
und des Kartellrechts

Diplomica 2010 / 96 Seiten / 49,50 Euro

ISBN 978-3-8366-7988-6

EAN 9783836679886

Die Frage nach der Energieversorgung rückt immer mehr in den Mittelpunkt des täglichen Lebens. Die Kosten für Energie betragen sowohl bei Privatkunden als auch bei industriellen Kunden einen Großteil der Fixkosten. Aus diesem Grund werden Energiepreise kontrovers diskutiert.

Da die Energiekosten in den letzten Jahren kontinuierlich gestiegen sind, sah sich der Gesetzgeber gezwungen, Gegenmaßnahmen zu ergreifen. Im Dezember 2007 wurde § 29 GWB trotz anhaltender und vehementer Kritik verabschiedet. Der Paragraph soll die Möglichkeiten der Kartellbehörde verschärfen.

Alexandra Frerichs ermittelt in dieser Untersuchung mit Hilfe von Experteninterviews die Auswirkungen von § 29 GWB auf den Energiemarkt und seine Akteure. Im Fokus steht die Frage, ob die Novelle im Wettbewerb auf dem Energiemarkt Veränderungen bewirken kann. Insgesamt wurden von der Autorin hierzu 16 Interviews mit Experten aus den Bereichen Wissenschaft, Verbraucherverbände, Politik und Energieunternehmen geführt.

Christina Aman
Das neue Umgangsrecht
Kritische Bestandsaufnahme
aus Sicht der Frauen

Diplomica 2010 / 216 Seiten / 49,50 Euro

ISBN 978-3-8366-9440-7

EAN 9783836694407

Mit ihrem Buch möchte die Autorin die derzeitige gesellschaftliche Situation von Frauen am Beispiel des reformierten Umgangsrechts (1998) aufzeigen. Dabei entdeckt sie Defizite im Familienrecht, die die patriarchale Rechtsauslegung zum Vorteil des Mannes fördert und die Rechtsposition der Frau schwächt. Kaum sichtbar, verschleiert und kompliziert werden solche Veränderungen in der Gesellschaft nur wenig wahrgenommen. Diese Veränderungen haben jedoch gravierende Auswirkungen auf die Gleichberechtigung der Frauen.

Was haben die Reformierungen im Kindschaftsrecht und im Umgangsrecht den Frauen gebracht? Das reformierte Umgangsrecht sollte dem Kindeswohl dienen und das bestmögliche Ergebnis für das Kind erzielen. Trotzdem wurden ungeachtet der Kosten zunächst die väterlichen Rechte durchgesetzt. Die Folge davon ist, dass Frauen durch das reformierte Umgangsrecht einer ständigen Belastung im Rechtsstreit ausgesetzt sind, unter der auch die Kinder leiden. Mit der Absicht, die Rechte der Kinder zu stärken, sind unter dem Deckmantel des Kindeswohls neue Rechte verabschiedet und die Rechte der Väter gestärkt worden.

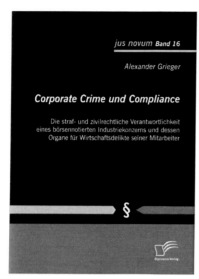

Alexander Grieger
Corporate Crime und Compliance
Die straf- und zivilrechtliche Verantwortlichkeit
eines börsennotierten Industriekonzerns und
dessen Organe
für Wirtschaftsdelikte seiner Mitarbeiter

Diplomica 2010 / 220 Seiten / 49,50 Euro

ISBN 978-3-8428-5316-4

EAN 9783842853164

Dieses Fachbuch, das durch die „Causa Siemens" inspiriert wurde, stellt einzelne Wirtschaftsdelikte vor, mit welchen auf Grund der besonderen Strukturen eines börsennotierten Industriekonzerns vermehrt gerechnet werden muss. Ausgehend von diesem Fundament wird zuerst die strafrechtliche, dann die zivilrechtliche Verantwortlichkeit von Unternehmensorganen sowie des Unternehmens an sich beleuchtet. Zuletzt werden kurz einzelne Instrumente vorgestellt und bewertet, welche zur Begrenzung von Verantwortlichkeiten häufiger diskutiert werden.

Die Besonderheit dieses Buches besteht darin, dass die Themen nicht nur aus Richtung eines Rechtsgebietes, d.h. Strafrecht oder Zivilrecht, sondern aus Sicht beider Denkweisen umfassend dargestellt werden. Daneben fließen auch Ansatzpunkte aus der betriebswirtschaftlichen Praxis mit ein, die dieses Fachbuch sowohl für Einsteiger als auch Fortgeschrittene gleichermaßen interessant machen dürften.

Dieses Fachbuch basiert auf einer im Jahr 2008 im Studiengang Internationales Wirtschaftsrecht an der Friedrich-Alexander-Universität Erlangen-Nürnberg eingereichten Abschlussarbeit, welche im Jahr 2010 mit dem Luise Prell-Stiftungspreis für hervorragende wissenschaftliche Abschlussarbeiten ausgezeichnet wurde.

Ulrike Liss
**Arbeitnehmerdatenschutz
in IT-Entwicklungsprojekten**
Datenschutzrechtliche Vorgaben bei der
Entwicklung und Einführung von
Personalinformationssystemen

Diplomica 2011 / 112 Seiten / 49,50 Euro

ISBN 978-3-8428-5407-9

EAN 9783842854079

Personalabteilungen in Unternehmen nutzen heute leistungsfähige IT-Systeme in nahezu jedem Tätigkeitsgebiet des Personalmanagements. Solche Personalinformationssysteme befassen sich überwiegend mit Daten, die unmittelbar oder mittelbar mit dem Beschäftigten in Beziehung stehen. Zum Schutz der Arbeitnehmerdaten dienen die Datenschutzgesetze.

Diese Studie ist ein Leitfaden, der den für die Entwicklung und Einführung von Personalinformationssystemen Verantwortlichen im Unternehmen das erforderliche datenschutzrechtliche Wissen vermittelt, spezifische Hinweise gibt und das Augenmerk für datenschutzrelevante Sicherheitslücken und Bedrohungen durch den Einsatz des Systems schult.

Anhand eines Phasenmodells werden die für jede Phase typischen Fragestellungen, die bei der Entwicklung und Einführung eines Personalinformationssystems auftreten, untersucht und beispielhaft Lösungen aufgezeigt.

Sylvana Schulze-Pfefferkorn
Das Arbeitsverhältnis in der Insolvenz
Der Zusammenhang von Arbeitsrecht und Insolvenzrecht

Diplomica 2011 / 96 Seiten / 39,50 Euro

ISBN 978-3-8428-6333-0

EAN 9783842863330

Dieses Buch vermittelt einen Überblick über die Besonderheiten des Arbeitsrechts im Insolvenzrecht. Insolvenzrecht und Arbeitsrecht haben im heutigen Wirtschaftsleben eine Relevanz wie nie zuvor – schon unter der Prämisse, dass jährlich durch Insolvenzen hunderttausende Arbeitsplätze verloren gehen. Hier sind Arbeitnehmer gut beraten, um ihre Rechte und Möglichkeiten zu wissen, da in der Regel das bestehende Arbeitsverhältnis die Haupteinkunftsquelle darstellt. Aber auch Arbeitgeber sind gut beraten, sich mit den grundlegenden gesetzlichen Voraussetzungen des Zusammenhangs zwischen Arbeitsrecht und Insolvenzrecht vertraut zu machen. Nicht zu vergessen ist der große Einfluss des Gemeinschaftsrechts auf das nationale Recht.

Daniel Kempin
Leben ohne Barrieren
Welcher Handlungsbedarf besteht für die kommunale Politik und Verwaltung?

Diplomica 2012 / 80 Seiten / 39,50 Euro

ISBN 978-3-8428-8574-5

EAN 9783842885745

Am 13. Dezember 2006 verabschiedete die UN-Generalversammlung die UN-Konvention über die Rechte von Menschen mit Behinderungen, ein Übereinkommen, das mit dem neuen Leitbild der Inklusion die gleichberechtigte und selbstbestimmte Teilhabe behinderter Menschen am gesellschaftlichem Leben fördern und sichern soll. Ein grundlegendes Element für eine solche Teilhabe und die Ausübung eigener Rechte bildet die Barrierefreiheit des öffentlichen Raums. Sind öffentlich zugängliche Anlagen wie Kultureinrichtungen oder Verwaltungs- und Justizgebäude nicht zugänglich, nutzbar und damit barrierefrei, bleiben Menschen mit Behinderungen die Ausübung ihrer Rechte sowie eine aktive Teilhabe am gesellschaftlichen Leben verwehrt. Das vorliegende Buch analysiert den Einfluss und die Auswirkungen der UN-Konvention auf die kommunale Politik und Verwaltung in Bezug auf die Herstellung barrierefreier öffentlich zugänglicher Anlagen. Anhand von ausgewählten Beispielen wird der Handlungsbedarf auf kommunaler Ebene dargestellt, der als Folge der Ratifizierung gewertet werden kann und somit die Bedeutung der UN-Konvention hervorhebt. Als Ergebnis zeichnet sich die Konsequenz der UN-Konvention über die Rechte von Menschen mit Behinderungen ab.